UN MOT

SUR LES

FABRIQUES ÉTRANGÈRES

DE SOIERIE,

A PROPOS DE L'EXPOSITION DE LEURS PRODUITS

FAITE PAR LA CHAMBRE DE COMMERCE DE LYON ;

Par Mr A. D.

Négociant, Membre de la Chambre de Commerce.

✻

SE VEND AU PROFIT DE LA SOUSCRIPTION JACQUARD.

3 fr. 50 c. ... et par la poste, pour toute la France, 4 fr.

Lyon,

Mme S. DURVAL, LIBRAIRE, RUE DES CÉLESTINS, 5 ;

M. BOHAIRE, LIBRAIRE, RUE PUITS-GAILLOT, 9.

Paris,

MÊME MAISON, BOULEVARD DES ITALIENS, 10.

1834.

INTRODUCTION.

Au moment ou la chambre de commerce de Lyon soumet à l'examen de nos fabricans les produits principaux de leurs concurrens, je crois accomplir un devoir en publiant les observations que j'ai recueillies, soit dans mes voyages, soit par ma correspondance, sur les divers centres de production des soieries étrangères.

L'exposition réunit des articles des fabriques de :

LA SUISSE,

LA SAXE,

LA PRUSSE RHÉNANE,

L'ANCIENNE PRUSSE,

L'AUTRICHE,

L'ANGLETERRE,

ET LES INDES.

UN MOT

sur

LES FABRIQUES

ÉTRANGÈRES

DE SOIERIE.

LYON. — IMPRIMERIE DE L. BOITEL,
Quai St-Antoine, 36.

Mon intention est bien d'examiner succinctement
la position industrielle de tous ces pays en ce qui
concerne la fabrication des étoffes de soie ; mais
comme je veux surtout ne donner que des renseignemens puisés à des sources sûres, je dois prévenir,
avant d'entrer en matière, que je m'abstiendrai, plutôt
que d'en présenter de vagues ou de contestés. —
Cette réticence expliquera mon silence ou mon la-
conisme au sujet de certaines localités. Si, malgré
ma réserve, quelques erreurs se glissaient dans mon
travail, j'ai lieu d'espérer qu'on ne suspectera pas
ma bonne foi.

L'opinion générale, en France, est que notre industrie est dans une position exceptionnelle de prospérité, qu'elle est sans rivale, sans concurrence, et
que les vœux de sage liberté exprimés par ses agens
sont la conséquence naturelle de cette heureuse position.

Le coup-d'œil rapide que je vais jeter sur les
fabriques étrangères, détruira, je le pense, cette
grave erreur, erreur qui, du reste, paraît bien naturelle, lorsqu'on voit les dates récentes de création
ou de développement de ces fabriques.

Une autre erreur que la presse et les hommes,
même les plus éclairés, commettent chaque jour en
parlant de notre industrie, c'est de la croire inatta-
quable, impérissable, parce qu'elle est très-vieille ;
parce qu'elle date de Colbert, et de bien plus loin
encore.

Comme si l'industrie, et particulièrement l'industrie lyonnaise avait, contrairement à la loi qui régit le monde, *le privilége* de ne pas faiblir en vieillissant et de ne pouvoir mourir.

C'est en flagornant ainsi les hommes et les peuples qu'on les perd. Ne nous laissons pas éblouir par les belles phrases obligées des discours d'apparat, qui qualifient Lyon des titres pompeux de *reine*, de *ville sans rivale*, et regardons sérieusement autour de nous.

N'oublions pas que si la vieillesse a pour elle le savoir, l'expérience, la renommée ; la jeunesse, en compensation, possède, à un degré supérieur, l'activité, l'énergie, l'ambition.

Une vieille industrie a des habitudes qui entraînent des abus. — Il est si difficile de sortir d'une ornière creusée par des siècles !

Une jeune industrie, au contraire, profite des expériences faites, et s'approprie les élémens les plus convenables, sans être arêtée par des considérations d'individus ou de choses. Dieu merci, notre industrie n'est pas arrivée à cette période de la vie où l'on se sent faiblir et mourir ; elle est encore pleine de force et d'avenir, et les hommes ne lui manquent pas..... Mais elle est dans un de ces momens de révolution, de maladie qui tuent ou régénèrent, de ces momens où il faut prendre un grand parti. Ma conviction est qu'elle sortira rajeunie de la crise qui depuis si long-temps la tourmente ; mais il faudra qu'elle sacrifie bien des traditions et des habitudes.

Il faudra aussi que les hommes qui la représentent éclairent le pouvoir sur ses besoins et ses vœux. Elle est presque la seule des industries françaises qui ne demande, pour prospérer et enrichir le pays, aucune subvention, aucune protection onéreuse. Elle ne réclame que l'abolition *sagement* progressive des priviléges ou monopoles qui, sous la forme des droits protecteurs, diminuent l'importance des débouchés, renchérissent les matières premières, les frais d'existence, et par conséquent la production.

En étudiant la géographie de l'Europe, en examinant avec attention les richesses naturelles de chacun des pays qui la composent, il est impossible de ne pas voir les élémens de l'association dans la différence de dispositions à produire, à développer ces richesses matérielles, intellectuelles et morales, et de ne pas arriver à la conviction que la loi divine veut que, dans le travail humanitaire, chaque peuple comme chaque individu soit classé selon sa vocation.

C'est en méconnaissant cette loi que les hommes se sont égorgés sur le champ de bataille; et c'est en la méconnaissant encore qu'ils ont transporté l'esprit, le sentiment et le besoin de la guerre dans les champs de l'industrie.

Au temps de 1815, après la chute du géant, on vit les gouvernans se réunir pour partager ses dépouilles, et tracer la marche à suivre dans la gestion du colossal héritage.

Le système continental, jugé par l'expérience comme immoral et nuisible à tous les intérêts, fut cependant généralement maintenu.

Pour plusieurs pays il s'agissait surtout d'entretenir le sentiment de la nationalité, c'est-à-dire les préjugés, l'esprit de haine et d'antipathie envers les autres. Le système était parfait pour cela.

Pour d'autres, et pour la France en particulier, il s'agissait de remplacer les *conquêtes* guerrières par les *conquêtes* industrielles. — « La France, disaient nos hommes d'état et nos flatteurs, ne rend plus les peuples tributaires par ses armes, mais elle doit les rendre tributaires par son industrie et son commerce. » — L'idéal, la base et le but de la politique industrielle de l'époque fut donc de rendre les peuples nos tributaires ; de leur vendre beaucoup sans rien acheter d'eux ; de tout produire enfin.

Aussi, sous cette funeste impulsion, vit-on des peuples abandonner ou négliger leurs voies naturelles de bien-être et de prospérité, pour s'élancer dans les voies artificielles et précaires ouvertes par les prohibitions.

L'Angleterre, pays à part sous tant de rapports, devint en industrie comme en politique, le point de mire général, et sans faire la part des différences de position, de mœurs, de circonstances, chacun se prit à l'imiter à l'envi.

Aujourd'hui l'Europe commence à ressentir douloureusement les effets de la fausse direction qu'elle a suivie. — Qu'arrivera-t-il donc lorsque les germes industriels semés pendant les vingt dernières années sur tous les sols et sous tous les climats, se seront entièrement développés !

La Suisse et la Saxe sont les seuls pays manufac-

turiers de l'Europe qui , à la chute du système continental , échappèrent à la *protection* , à la prohibition ,
aux tarifs, aux *douanes* enfin ; et leurs fabriques,
dont les développemens datent de cette mémorable
époque , sont aussi celles de l'Europe qui ont le plus
prospéré, et dont la concurrence est la plus redoutable.

LE CANTON DE ZURICH.

Il y a plusieurs siècles que ce canton est renommé pour son commerce et son industrie, mais ce n'est que de la paix que datent les grands développemens de l'industrie de la soie. En 1814, on ne comptait qu'environ 4,000 métiers, dont la production se bornait à du *florence* et à quelques articles légers pour la consommation de la Suisse et de l'Allemagne. — En 1833, le nombre de ces métiers s'est élevé à 10,000, et leurs produits variés ont été expédiés en Allemagne, en Russie, en Italie, en Amérique, en Angleterre, et même en France, malgré les droits.

L'industrie de la soie n'est pas la seule qui se soit
développée avec énergie dans ce canton : il faut
citer encore celle du coton et de la filature. Lorsque
Lyon, par son goût et son influence dans le monde
fashionable, crée et fait prendre quelqu'article en soie
et coton, Zurich s'en empare bientôt, et recueille, pour
ainsi dire, ce que Lyon a semé. A Zurich, l'ensemble
de l'organisation industrielle est la même qu'à Lyon,
mais elle diffère dans les détails. Comme à Lyon, le
fabricant n'est qu'exceptionnellement propriétaire
des ustensiles, et il distribue le travail aux ouvriers
lorsque les demandes arrivent. L'absence de travail est moins funeste à l'ouvrier suisse qu'au nôtre,
parce qu'il vit à la campagne. En général il est propriétaire de la chaumière qu'il habite et du champ
qu'il cultive ; et ce champ, au besoin, lui donne du
pain. Cette espèce de double profession de cultivateur
et de tisserand, explique pourquoi les commandes
s'exécutent plus lentement dans les fabriques suisses que
dans les nôtres, et pourquoi aussi ces fabriques font
moins d'ouvrage en été qu'en hiver, ce qui est l'in-
verse des faits observés dans les fabriques dont les
ouvriers habitent les villes.

Le compagnonnage y est bien moins répandu
qu'à Lyon, et généralement le travail s'exécute en
famille, en sorte que le salaire se divise rarement.

La position de l'ouvrier suisse lui permet donc de
travailler à très-bas prix, sans qu'il en résulte pour
lui les privations qui sont ailleurs la conséquence
de façons trop réduites.

Mais le bas prix de la main-d'œuvre n'est pas l'unique cause des avantages qu'ont ces fabriques dans la production des étoffes légères.

Il faut compter encore au premier rang de ces causes :

L'abondance et partant le bas prix des capitaux ;

La régularité et la simplicité de la vie ;

L'absence presqu'entière d'impôts ;

L'absence de douanes et de tarifs *protecteurs*, qui enchérissent partout l'existence, la main-d'œuvre et la production.

Malgré la modicité des appointemens des employés, les fabricans suisses en ont le moins possible; car ils s'occupent eux-mêmes de détails qu'un chef de maison regarderait ailleurs comme au-dessous de lui.

Un avantage que je considère comme essentiel et que j'ai retrouvé dans l'organisation industrielle de Manchester, c'est la réunion du dévidage et de l'ourdissage dans le même bâtiment que les magasins. Il en résulte une double économie, économie de main-d'œuvre, et surtout économie de matières, de *déchet*; et j'avoue que j'ai toujours eu de la peine à comprendre la division et la dispersion du dévidage et de l'ourdissage à Lyon. On m'a bien objecté le haut prix des loyers dans notre ville, et la difficulté d'en trouver de convenables, mais je reste convaincu que dut-elle placer son ourdissage et son dévidage à un premier étage, et payer 3,000 fr. de location, une fabrique d'une certaine importance, et surtout une fabrique d'uni, en retirerait encore un très-grand avantage. A l'appui de cette assertion, je citerai ce qui arriva dernièrement à un de nos principaux fabricans d'uni.

Son garçon de magasin, dont la femme est dévideuse, vint lui proposer de monter cinq mécaniques à dévider, dont lui, fabricant, ferait les frais, qu'on peut évaluer à 1,500 fr.; de lui garantir de l'ouvrage suivi au prix courant de la place, et, en compensation de l'avance ou du prêt des mécaniques, aussi bien que de la garantie du travail suivi, cet homme s'engageait à payer cinq mille fr. par an.

Cependant le travail exécuté par ces cinq mécaniques représenterait à peine la moitié du dévidage de cette maison.

En comptant pour rien le bénéfice de l'entrepreneur, la réunion de tout le dévidage dans un seul local serait donc, pour la maison en question, une économie nette de 10,000 fr. On admettra bien que la dispersion entraîne un gaspillage de matières au moins égal à cette économie. En évaluant à un million les affaires de la maison, l'économie sur le dévidage serait donc de 2 pour 100! Et je n'ai pas parlé de l'ourdissage !

Voilà qui vaut tous les renseignemens du monde quant à l'économie sur la façon. — Quant à celle sur le déchet des matières qu'entraîne la dispersion, je le répète, elle doit être plus importante encore, elle est incalculable.

Les principaux fabricans de Zurich achètent généralement leurs matières premières à la source, et se servent peu de l'intermédiaire des marchands de soie. Ce mode, qui nécessite de grands capitaux, offre certainement des avantages, mais aussi des inconvéniens.

Pour diriger et employer les 9 à 10,000 métiers du canton de Zurich, il y a tout au plus 25 fabricans; pour un nombre égal de métiers, il y en aurait ici une centaine.

Est-ce un mal, est-ce un bien? Je crois que, vu les développemens que prend partout l'industrie, et la concurrence qui en résulte, la grande division est un mal; car il est bien certain, qu'en général, plus la masse d'affaires est grande, et moins les frais généraux pèsent sur les marchandises.

J'ai dit que la vie à Zurich était simple et peu coûteuse, et cependant plusieurs fabricans la trouvant encore trop chère, se sont établis à la campagne, au centre des métiers, à une, deux, trois et même six lieues de la ville où ils n'ont pas même un pied-à-terre. L'acheteur sait bien les aller trouver; car il comprend que les prix de leurs produits doivent se ressentir de l'économie de leurs frais généraux, et aussi de leurs relations plus faciles et plus directes avec les ouvriers.

Il y a bien long-temps que le même fait se manifeste ici d'une manière plus sensible encore; il y a bien long-temps que nos fabricans comprennent que l'ouvrier de Lyon ne peut, sans s'imposer les plus dures privations, faire l'uni léger à un prix de façon assez bas pour lui permettre de soutenir la concurrence étrangère.

Mais pour nous déterminer à changer nos habitudes, à quitter le sillon tracé par nos pères, il fallait la détresse industrielle de 1827, les crises de 1830, de 1832, les évènemens de Février. Et encore n'est-ce que timidement et par des demi mesures que nous avons procédé.

En montant des métiers dans les campagnes, au lieu d'aller nous établir au centre de nos ouvriers, nous avons délégué des contre-maîtres; et notre surveillance, celle si nécessaire de l'œil du maître, nous l'exerçons de loin en loin, par quelques voyages, lorsqu'il fait beau.

Faut-il s'étonner si ces établissemens n'ont pas jusqu'ici justifié toutes les espérances?

Il en est de cela comme de ces propriétaires ou cultivateurs-amateurs qui, faisaut valoir eux-mêmes leurs terres, passant l'hiver à la ville et la belle saison seulement dans l'exploitation, s'étonnent que les grandes propriétés rendent 2 à 3 p. cent, tandis que les petites qui sembleraient devoir être moins avantageuses, rendent aux paysans-propriétaires de 5 à 10 p. cent.

Je n'ai jamais pensé que les fabricans établis, dont le matériel est monté pour la ville, dont la clientelle est faite, se décideraient à un exil volontaire; mais j'avoue que j'attendais ce sacrifice de l'énergie des jeunes fabricans d'étoffes unies qui s'établissent, et que les mêmes considérations ne peuvent arrêter.

Toutes les soies employées par les fabriques de Zurich se teignent en ville et se partagent entre sept teinturiers qui, tous, jouissent d'une bonne réputation.

Ici revient encore la question de la trop grande division dans l'exploitation. — Pour la même somme de teinture nous aurions certainement trois ou quatre fois plus de teinturiers.

Parmi les avantages de l'industrie de Zurich, j'oubliais de citer l'absence du piquage d'onces, (vol des soies.)

Soit que la moralité de ses agens soit plus grande, soit que l'organisation industrielle et sociale du pays les expose à moins de besoins, à moins de tentations, et rende aussi plus difficiles les moyens de les satisfaire illicitement; toujours est-il que cette plaie honteuse qui, depuis des siècles, ronge sourdement notre industrie, est, pour ainsi dire, inconnue aux fabriques suisses.

Je ne connais de particulier dans les procédés industriels de ces fabriques, que le mode adopté pour le pliage du Florence, article d'une immense consommation, dont nous avons tout-à-fait perdu l'exportation. Le fabricant, lorsqu'il reçoit la pièce de l'ouvrier, la remet à un apprêteur qui, en la pliant, la soumet à un cylindrage. C'est sans doute à ce procédé qu'il faut, en grande partie, attribuer l'étonnante régularité des florences de Zurich. Je recommande ce mode à ceux de nos fabricans qui montent cet article dans les campagnes, et qui, *depuis peu*, le poussent avec énergie et succès.

BÂLE.

Presque toutes les observations que je viens de faire s'appliquent à la fabrique de Bâle. J'en ajouterai une seule qui donnera l'explication du grand bon marché des produits de Bâle, bon marché qui fait le désespoir de St-Etienne et de toutes les fabriques de rubans unis de l'Europe.

Les capitaux sont encore plus abondans à Bâle qu'à Zurich; et les fabricans y considèrent plutôt leur industrie comme placement d'argent, que comme spéculation : ils sont donc satisfaits lorsqu'à la fin de l'année, leurs opérations ont, pour tout bénéfice, porté l'intérêt du capital employé à 6 p. cent.

LA SAXE.

La réputation industrielle de la *Saxe*, de ce petit pays qui compte à peine *quatorze-cent-mille* habitans, s'est depuis quelques années, répandue en Europe et dans les Amériques.

A la chûte du système continental, qui semblait seul soutenir ses modestes fabriques, on crut un moment qu'elles seraient anéanties pour toujours; car les fabriques anglaises, dont les produits inondèrent alors librement tous les marchés d'Allemagne, avaient acquis une supériorité incontestable.

Cependant, telle était la vocation naturelle de la Saxe pour l'industrie manufacturière que, peu à peu, et *sans protection aucune*, ses fabriques se relevèrent et prirent un essor qui a surpassé toutes les prévisions. Depuis 10 ans, ses bas de coton se vendent, sur les marchés d'Amérique, en concurrence avec les bas Anglais, et ils obtiennent sur eux une préférence marquée.— Ce qui prouvera mieux encore ses rapides progrès, c'est qu'en 1828 et 29, des bas et des articles de coton de Saxe, se sont vendus avec bénéfice en Angleterre, malgré des droits de 15 p. cent.

Ses fabriques de soieries ne datent que de quelques années, et leurs produits prouvent qu'elles pourront facilement acquérir l'importance qui leur manque encore. Elles sont d'ailleurs dans les circonstances les plus favorables à leur développement. Situées dans les montagnes, au milieu d'une population laborieuse, économe et sobre, elles recrutent leurs ouvriers parmi les meilleurs tisserands en toile et coton. Car c'est là que se fabriquent les calicots, les bas, les franges, les dentelles, les draps, le mérinos, le linge de table, la toile et tant d'autres articles auxquels leur bas prix ouvre tous les marchés du monde.

Le bas prix des objets de première nécessité, le petit nombre de besoins des ouvriers, les privations qu'ils sont habitués à subir, y rendent les salaires d'une modicité inconcevable.

Ainsi, les enfans qui font les dentelles, gagnent

de 85 c. à 1 fr. par semaine. — Les filles ou les femmes qui font, dans cet article, les ouvrages les plus délicats et les mieux rétribués, ne gagnent pas plus de 1 fr. 50 à 2 fr. 50 c. par semaine.

Les ouvriers ordinaires en bonneterie gagnent de 5 à 6 f.; il n'y a que ceux qui font les bas en fil d'Ecosse ou d'autres articles difficiles qui arrivent à 8 fr.

Les ouvriers qui tissent le coton, gagnent souvent moins et rarement plus de 4 fr. par semaine.

Ceux qui tissent le mérinos gagnent un peu plus. En général, il y a peu de main-d'œuvre d'homme au-dessous de 70 c. et au-dessus de 1 fr. par jour. Peu de façons de filles ou de femmes au-dessous de 25 c. et au-desus de 80 c. par jour.

Mais cet état de choses ne saurait durer, et la récente adhésion de la Saxe au système de douanes prussien suffira seule pour le changer.

Cette adhésion doit naturellement entraver l'essor de son industrie; car les droits protecteurs qui en sont la conséquence, en la privant du régime de large liberté sous laquelle elle s'est développée, vont nécessairement faire hausser les objets de consommation, la main-d'œuvre, les frais généraux, et enfin les prix, jusqu'alors si bas, de production.

Ainsi la Saxe, non protégée, était en avant de la Prusse; maintenant qu'elles subissent la même protection, elles sont de niveau. Est-ce la Prusse ou la Saxe qui finira par gagner au nivellement? — Je laisse aux fabricans saxons qui ont poussé le gouvernement à l'adhésion , à résoudre cette question. Ces Messieurs n'ont vu du Tarif que la protection qui leur assure un monopole *momentané* ; mais ils n'ont pas compris ou calculé ses conséquences, et , sans le croire sans doute , ils ont sacrifié l'avenir au présent.

—

TARIF PRUSSIEN.

Le tarif des douanes prussiennes, qui occupe en ce moment l'attention de l'Europe, doit exercer une trop grande influence sur les relations industrielles et commerciales de l'Allemagne, et , indirectement de la France, pour qu'on trouve déplacées quelques observations générales sur ce grave sujet.

A la paix de 1815, la Prusse, malgré les services qu'elle avait rendus à l'Allemagne, durant la guerre de l'indépendance , était détestée de tous les petits états , et surtout de ses nouvelles provinces du Rhin et de la Saxe.

Une administration sage , ferme , éclairée , et , pour ainsi dire d'initiation , a graduellement transformé l'opinion au point d'amener , par la confiance en sa capacité administrative et sa moralité , presque tous les états allemands , à reconnaître sa suzeraineté , en adhérant à son système de douanes.

Il y a long-temps , plus de 15 ans peut-être , que la Prusse travaille avec persévérance à la réalisation de ce grand projet ; mais ce n'est guère que depuis qu'il est en partie réalisé, qu'on a compris son importance.

Faut il voir, dans ses efforts et ses desseins, la grande et belle pensée de la création *d'une Allemagne* ; le noble désir de réunir en un corps, sous *une même direction*, tous ces membres épars que l'isolement atrophie, ou bien seulement une pensée d'intérêt national et plus étroit? L'avenir nous l'apprendra. Aujourd'hui, la Prusse, eût-elle en vue le premier but, n'oserait l'avouer, dans la crainte d'augmenter la jalousie de l'Autriche, déjà alarmée. Mais, quelque soit son mobile, toujours est-il que le tarif est un immense pas vers la formation *d'une Allemagne.* C'est un grand acte de liberté commerciale intérieure, qui est pour l'Allemagne ce que fut pour la France la suppression de ses douanes intérieures en 89 ; et, sous ce rapport, les hommes, dont les sympathies ne s'arrêtent pas aux frontières, doivent applaudir.

La Prusse a dès long-temps compris que c'est surtout chez soi et autour de soi, qu'il faut chercher et développer sa force et, non pas au loin. Elle a compris aussi que les liens matériels, les intérêts positifs, sont les plus puissans et les plus durables. Et sans toutefois négliger les intérêts purement politiques et les relations lointaines, c'est surtout à l'intérieur, et par les intérêts matériels, qu'elle s'est vraiment agrandie et fortifiée. .

Elle se trouvait séparée de ses plus riches provinces, et son long territoire, entrecoupé d'enclaves de divers pays, n'avait rien d'homogène. Ses frontières

étaient plus étendues que celles de la France et de
l'Autriche.

A partir du 1er janvier 1834, une même loi d'intérêts matériels réunit et lie 22 millions d'Allemands,
jusque-là éparpillés ainsi :

	Habitans.
Ancienne et nouvelle Prusse. . . .	13,040,000
Bavière	3,520,000
Wurtemberg.	1,563,000
Royaume de Saxe	1,416,000
Grand-Duché de Hesse-Darmstadt. .	717,000
Hesse électorale.	630,000
Grand-duché de Saxe-Weimar-Eisenah.	235,000
Duché de Saxe-Cobourg	160,000
Duché de Saxe-Meiningen	142,000
Principautés d'Anhalt	137,000
Duché de Saxe-Altenbourg	114,100
Principautés de Schwarzbourg . . .	
Sondershausen et Schwarzbourg-Rudostadt	112,000
Principautés de Reuss	80,000
Principauté de Waldeck	56,000
Landgraviat de Hesse	23,000

Qui , d'après les derniers recensemens,
    formeront maintenant un tout de   21,947,200

Par cette alliance, la Prusse, si disjointe, si étirée,
s'arrondit et se fortifie , et ses belles provinces Rhé-
nanes ne sont plus isolées et séparées de ses anciens
états. Il ne reste d'enclaves gênantes que le Hanovre,
Brunswic et le Mecklembourg, qui n'ont pas adhéré
au tarif.

Désormais, la Prusse pourra donc , *dans l'intérêt de l'union* , exécuter toutes les améliorations qu'elle rêvait pour ses longues possessions , et que ses moyens limités et sa position typographique ne lui permettaient pas de réaliser.

Déjà, aujourd'hui, sa monnaie, d'abord si décriée, a cours dans toute l'Allemagne , et remplace, ainsi que son influence, la monnaie et l'influence de l'Autriche. Par des marchés, quelquefois onéreux *matériellement* , elle cherche à s'emparer du service des postes des petits états. Dans peu, elle n'aura qu'à vouloir, et *l'union* adoptera un système unitaire de monnaies, de poids et mesures , de postes, de transports. Vienne une guerre, et *l'union* adoptera aussi son système militaire ; peut-être enfin , et c'est probable , ses généraux et sa direction....

Il est donc évident que, si la base organique de *l'union* est la loi des intérêts matériels, le but est éminemment politique; et, pour l'atteindre, la Prusse a dû et su faire de véritables sacrifices, en froissant, momentanément au moins , bien des intérêts nationaux. Elle a fait ce qui est si difficile aux gouvernemens représentatifs , elle a sacrifié les intérêts privés aux intérêts généraux , elle a semé pour récolter.

Au 1er janvier 1834 , le tarif ou traité d'alliance commerciale était déjà consenti, jusqu'en 1842, par 18 contractans. Au premier aperçu, une association composée de tant de membres, dont les intérêts paraissent si divers, doit sembler très-précaire ; mais en examinant sérieusement le fond et la forme du traité, ainsi que les circonstances dans lesquelles il a été conçu et conclu, on comprend qu'elle ne l'est pas.

En général, *l'union* est populaire ; car elle flatte les préjugés des masses, parce qu'elle promet de rendre *l'Allemagne* indépendante des nations qui l'exploitent, tout en prohibant les produits de son industrie. Elle est aussi approuvée par les hommes éclairés et généreux qui espèrent que, quelqu'en soit le but et l'instrument, elle rendra à l'Allemagne sa valeur, sa vie et la part d'influence qu'elle mérite de prendre dans les affaires de l'Europe. Il faut d'ailleurs le reconnaître, ce n'est jamais légèrement que les Allemands adoptent une chose nouvelle, qui change ou dérange leurs vues et leurs allures, mais lorsqu'ils l'ont adoptée, ce n'est pas légèrement non plus qu'ils y renoncent.

Si, dans les premiers temps de son existence, rien n'ébranle l'alliance, et il faudrait pour cela une crise bien violente, elle devra s'étendre et se consolider, en servant peut-être de base à un système européen.

La Prusse pourrait ruiner son bel et profitable ouvrage, en faisant imprudemment sentir une suprématie que le traité basé sur la parité ne lui accorde pas *en droit*, mais qu'elle possède *en fait*. Le soin qu'elle met a ménager l'amour-propre, à ne pas blesser les susceptibilités nationales ou locales de ses co-associés, prouve qu'elle, connaît l'écueil et qu'elle saura l'éviter.

Du reste, le *tarif* prussien ou *l'union*, est la con-

séquence naturelle de la marche fort peu éclairée, en
matière de douanes, de la France et de l'Angleterre.
Depuis la paix, elles ont toutes deux plus ou moins
agi d'après le principe de *vendre* sans *acheter*, et
leur exemple a fructifié, car, en Allemagne, il n'était
pas un petit prince, pas un pauvre comte, pas un
chétif baron-souverain, qui ne voulut avoir ses
douanes, et *protéger* ses sujets en leur faisant payer
tout plus cher. On ne pouvait plus faire un pas sans
trouver des douaniers-inquisiteurs.

La Prusse a su profiter du malaise, de l'irritation,
de la démoralisation qu'un pareil état de choses en-
gendrait dans tout le pays, pour mettre à exécution
son plan chéri.

Que la France et l'Angleterre persistent dans la
voie funeste des prohibitions ou des *droits* prohibitifs, elles ne manqueront pas de provoquer d'autres
représailles. Des prohibitions doivent naturellement
engendrer des prohibitions; cela est juste, et les doléances de l'Angleterre et de la France, au sujet du
tarif, sont au moins ridicules.

En disant que *l'union*, si elle se consolide, pourra
servir de base à un système *européen*, j'entends que,
par elle, tous les états qui la composent, obtiendront
ce qu'ils n'eussent jamais obtenu séparément : des
traités basés sur la parité, la réciprocité, avec les
puissances de l'Europe qui voudront commercer
avec l'Allemagne ; or, comme *toutes* ont des relations obligées d'achat ou de vente avec elle, il est
bien certain que le tarif devra modifier le système de
politique commerciale de l'Europe.

La loi qui régit les douanes de la Prusse, et qui est aujourd'hui la base du tarif, est en vigueur depuis 1819.

Les principes de cette loi sont justes:

1° *Aucun article n'est prohibé;*

2° Tous les droits sont perçus sur le poids des marchandises;

3° Les droits ne doivent jamais dépasser 10 pour cent de la valeur;

4° Afin de maintenir les droits dans la proportion de 10 pour cent de la valeur, le tarif général des droits est soumis à de fréquentes révisions.

Ces dispositions prouvent que *l'intention* du législateur a plutôt été de créer un revenu à l'état, que d'établir une protection.

Mais la condition de la révision du tarif a été négligée. Les fabricans de la Prusse sont comme ceux de tous les pays: ils pensent que les populations sont créées pour consommer leurs produits bons ou mauvais. Leurs intrigues ont empêché la révision et la baisse des droits en proportion de la baisse qui s'est graduellement opérée sur presque tous les produits manufacturés.

Le droit de 110 rxthaler par quintal (412 fr. 50 cent.) sur les soieries ne revient à guère plus de 12 p. $\frac{o}{o}$ sur les articles unis, et de 6 à 9 sur les nouveautés, dont la main-d'œuvre est élevée; mais, sur les articles *mi-soie*, le droit de 50 rxthaler par quintal (187 fr. 50 cent.) fait au moins 20 à 25 pour $\frac{o}{o}$.

Celui de 30 rxthaler (112 fr. 50 cent.) par quintal, sur les articles laines, fait de 18 à 30 pour cent, et celui de 50 rxthaler, par quintal, (187 fr. 50 cent.) sur les cotonnades fait en moyenne de 30 à 40 pour cent., et s'élève sur certains articles jusqu'à 90 pour cent de la valeur.

Mais si les fabricans ont pu faire ainsi dévier du grand principe de la loi relativement aux marchandises, les fileurs ont échoué, pour les matières premières, dont les droits sont très modérés. Il y a quelques mois, les filateurs de coton pétitionnèrent pour que le droit qui pèse sur le coton filé anglais (*twist*) fut porté de 2 rxthaler par quintal (7 fr. 50 cent.) à 5 rxthaler (18 fr. 75 cent.).

La question fut controversée dans le conseil, et le roi se crut obligé de la soumettre à un comité spécial. — Le résultat fut le maintien du droit actuel de 7 fr. 50 cent, par quintal.

—

PRUSSE RHÉNANE.

Ayant commencé mon examen par les pays les plus avancés en industrie, je me vois obligé, pour rester fidèle à mon premier plan, de parler de la Prusse rhénane, avant de parler de l'ancienne Prusse; ce qui paraîtrait peu logique si je n'en expliquais le motif.

Ici le luxe a pénétré, les besoins sont plus grands,

le tarif, quoique modéré, ainsi que nous venons de le voir, pèse sur les objets de consommation et sur les matières premières. L'existence et la main-d'œuvre sont donc plus chères qu'en Suisse et en Saxe.

Mais les capitaux sont abondans et accumulés dans l'industrie; la population est active et intelligente; elle est instruite et éclairée, elle voyage, elle voit, elle compare.

Entre les fabricans de la Prusse Rhénane et le marchand en détail, il n'y a presque jamais d'intermédiaire. Leurs capitaux et leur esprit d'entreprise font qu'ils explorent tous les marchés du monde. En général, ils sont négocians en même-temps que fabricans. C'est sans doute à cette dernière circonstance qu'il faut, en grande partie, attribuer leur supériorité dans certains articles, supériorité qui les met à même de nous faire concurrence sur nos propres marchés, malgré des droits protecteurs de 15 à 20 p. cent.

Pendant la guerre, ces fabriques, qui fournissaient l'immense empire français de velours et de rubans de velours, avaient déjà pris un grand développement; mais depuis la paix, qui a renversé tant d'entraves et ouvert de si vastes débouchés, le nombre des fabricans et des métiers a presque doublé dans la Prusse Rhénane.

Le gouvernement prussien s'occupe en ce moment d'une statistique commerciale de ces provinces, et voici les principales questions adressées, à ce sujet, aux Maires (Bûrger Meister).

L'origine et l'historique abrégé du développement de la fabrique des soieries dans la commune.

L'état présent de cette fabrication.

Le nombre des fabricans.

Le nombre des métiers unis et à la Jacquard, travaillant en rubans, en velours, en étoffes, en mouchoirs, en articles mi-soie, etc.

La proportion des ouvriers, et particulièrement des tisseurs, relativement au nombre des fabricans ?

Comment les ouvriers travaillent ? — à la journée ou à leurs pièces? comment ils reçoivent le travail, chaîne et trame ?

Comment ils le rendent ?

A qui appartiennent les métiers, les ustensiles de travail?

Que gagne l'ouvrier dans chaque article ? et à quelle somme évaluer le salaire touché par lui dans toute l'année ?

Combien d'heures il travaille dans la journée?

Aperçu de ce qui se fabrique par an dans chaque article.

Quels sont les débouchés ? sont-ils directs ou indirects ?

Mode d'emballage , d'expédition, etc , etc.

On le voit, si le gouvernement est bien compris et bien servi, nous aurons bientôt d'excellens renseignemens.

En France , le gouvernement eût encore demandé le nombre d'ouvriers sachant lire, sachant lire et écrire. — En Prusse, ce n'est plus une question.

Espérons qu'il en sera bientôt de même en France.

Les principaux fabricans achètent leurs soies directement en Italie et courent les chances de hausse et de baisse qui peuvent survenir dans le courant de l'année. — Plusieurs ont un atelier de teinture en propre, ainsi que des ateliers d'impression; mais, sauf de rares exceptions, ils n'ont point d'ateliers de tissage, et les ouvriers travaillent comme à Lyon, en famille, dispersés par ateliers de 1 à 6 métiers.

Les métiers, peignes, remisses, etc., appartiennent généralement aux fabricans, ce qui est, pour l'ouvrier, une grande garantie de travail suivi; car, il est bien certain que le fabricant, ayant un intérêt direct à ne pas laisser détériorer ses ustensiles par l'inaction, fait tout ce qui dépend de lui pour les maintenir en activité. Cela doit aussi exercer une heureuse influence sur la fabrication en général; car, outre que le fabricant est encore plus intéressé que l'ouvrier à la perfectionner, sa fortune et ses lumières le mettent à même de choisir les meilleurs ustensiles, de les changer ou de les améliorer en y appliquant tous les procédés nouveaux.

Mais toute chose a ses inconvéniens, et cette disposition offre aussi les siens. Les fabricans se plaignent beaucoup du peu de soin qu'ont les ouvriers pour leurs ustensiles, et de la dépréciation rapide qui en résulte.

Il n'est pas douteux que, s'ils étaient la propriété des ouvriers, il en serait tout autrement.

Ainsi que je l'ai fait observer au commencement de ce chapitre, le prix de la main-d'œuvre, dans ces fabriques, est beaucoup plus élevé qu'en Suisse et en Saxe, et il se rapproche beaucoup du prix de Lyon. C'est donc surtout aux autres circonstances que j'ai signalées, qu'il faut attribuer leur grand développement.

Voici les prix de fabrication des étoffes principales :

Gros de Naples, Gros de Berlin, de 16 à 20 pouces de large, selon la réduction, 30 à 47 c. l'aune de Brabant, ou 52 à 80 c. l'aune de France.

Gros des Indes, articles à deux navettes, de 16 à 20 pouces, selon la réduction 80 centimes à 1 franc l'aune de France.

Taffetas 1|2 aune à cadres p^r cravattes, 60 c. à 90 c. *id.*

Taffetas 5	8 . . *idem.* . .	70 à 1 f. *id.*
Taffetas 3	4 . . *idem.* . .	80 à 1 f. 25 c.
Taffetas 4	4 . . *idem.* .	1 f. 15 à 1 f. 95 c.
Satin Russe, Satin Turc, armures,	70 à 1 f. 10 c.
Satin uni, 17 à 20 pouces, . .	65 à 1 f. 10 c.
Satin uni, 13|24, 3|4 . . .	80 à 1 f. 25 c.
Satin uni, 15	16, ...	1 f. 25 à 1 f. 50 c.

Lévantine tramée noir et couleur, 17 à 20 pouces, . . . 60 à 85 c.

Velours d'Allemagne, . . . 2 f. 60 à 3 f. 25 c.

Velours croisé, façon Lyon, . 3 f. 50 à 4 f. 50 c.

CREFELD, ELBERFELD.

Je ne quitterai pas la Prusse-Rhénane, sans dire quelques mots sur Crefeld et Elberfeld, qui sont les centres principaux de son industrie.

L'industrie de Crefeld, en général, date du 16e siècle. Cette ville la doit à des hommes qui fuyaient les persécutions religieuses. Ce fut Adolphe Vender-Leyen, réfugié du pays de Berg, qui importa l'industrie de la soie, que ses descendans ont toujours exercée, et exercent encore avec honneur. Cent ans après cette conquête pacifique, on comptait, dans Crefeld et ses environs, 4 à 5000 métiers en soie.

Combien d'existences, combien de richesses sociales sont dues à cet Adolphe Vander-Leyen! Ce nom mérite de passer à la postérité. Je ne suis pas étonné du prix qu'y attachent ceux qui le portent encore. Ils ne sont pas moins nobles par Adolphe Vander-Leyen, que les descendans des Leudes de Clovis ou des preux de la Palestine.

La noblesse de l'avenir, nous devons l'espérer, ne puisera ses titres que dans les conquêtes pacifiques du travail physique, intellectuel ou moral.

Elberfeld est connu par son industrie en général, depuis plusieurs siècles; mais ce n'est qu'au 18e que des fabriques d'étoffes de soie et mi-soie s'y établirent. Les industries antérieurement existantes facilitèrent leurs rapides développemens.

ANCIENNE PRUSSE.

C'est encore à la révocation de l'édit de Nantes que remonte l'origine *réelle* de l'industrie de la Prusse. La révocation de l'édit de Nantes!.... Cet acte impolitique et cruel se rattache, par toute l'Europe, aux développemens du travail et du bien-être des peuples.

Les préjugés religieux d'un roi ont donc été l'instrument dont s'est servi la providence !!!

Au 16e siècle, les Français étaient bien certainement, et de beaucoup, le peuple le plus éclairé de l'Europe ; et , parmi les Français, les protestans passaient pour les plus avancés et les plus industrieux ; ce qui tenait à ce que toutes les carrières, excepté celles du commerce, de l'industrie et des arts, leurs étaient [fermées. Leur dispersion forcée, par colonies, eut donc pour résultat d'élever au niveau de la France, par le commerce, l'industrie et les arts, les peuples qui ne la suivaient que de loin, et d'avancer ainsi la venue de l'ère de la paix.

On lira sans doute avec intérêt l'opinion du grand Frédéric au sujet de la révocation et de ses conséquences pour la Prusse.

Dans ses mémoires de *la maison de Brandebourg* il paie un tribut d'éloges mérité à Frédéric-Guillaume, le grand électeur, qui, après la désastreuse guerre de trente ans, recréa le commerce et l'industrie de la Prusse.

Il dit : « La guerre de trente ans, entre les maux qu'elle causa, détruisit en particulier le peu de de commerce que le nord de l'Allemagne faisait.

« Il arriva depuis un évènement favorable, qui avança considérablement les projets du Grand-Electeur. Louis XIV révoqua (en 1685) l'édit de Nantes, et quatre cent mille Français sortirent pour le moins de ce royaume; les plus riches passèrent en Angleterre ou en Hollande; les plus pauvres, mais les plus industrieux se réfugièrent, dans le Brandebourg, au nombre de 20 mille ou environ; ils aidèrent à repeupler nos villes désertes, et nous donnèrent toutes les manufactures qui nous manquaient......

« A l'avènement de Frédéric-Guillaume à la régence, on ne faisait dans ce pays ni chapeaux, ni bas, ni serges, ni aucune étoffe de laine; l'industrie des Français nous enrichit de toutes ces manufactures. Ils établirent des fabriques de draps, de serges, d'étamines, de petites étoffes, de droguets, de grisettes, de crèpon, de bonnets et de bas tissés sur des métiers, des chapeaux de castor, de poil de chèvre et de lapin, des teintures de toutes les espèces; quelques-uns de ces réfugiés se firent marchands, et débitèrent en détail l'industrie des autres. Berlin eut des orfèvres, des bijoutiers, des horlogers, des sculpteurs; et les Français qui s'établirent dans le plat pays, y cultivèrent le tabac, et firent venir des fruits et des légumes excellens dans les contrées sablonneuses, qui, par leurs soins, devinrent des potagers admirables; le grand-électeur, pour encourager une colonie aussi utile, lui assigna une pension annuelle de quarante mille écus dont elle jouit encore. »

Sous le règne de Frédéric-Guillaume, qui fit plus encore pour les manufactures que pour l'agriculture, on croyait généralement que la culture des muriers et l'éducation des vers à soie étaient impossibles dans les pays septentrionaux. Frédéric-le-Grand voulut prouver le contraire : il fit planter des muriers dans tout le pays, encouragea leur culture par des prix et des récompenses, fit, à ses frais, construire des moulins et venir des ouvriers du Piémont, pour former des élèves dans l'art de filer et de mouliner la soie. En 1748, on recueillit dans le pays de Brandebourg 698 livres de soie; en 1751, 1,200 livres; en 1754, 2,637 livres. La guerre, qui survint, arrêta les développemens de cette culture. Mais, après la paix de 1763, Frédéric s'en occupa de nouveau et la ranima. En 1773, on fit dans ses états 6,206 livres de soie.

En 1755, on comptait à Berlin :

443 métiers en étoffes de soie . .		
454 id. en rubans divers . .		1,185 métiers.
139 id. en bas de soie . . .		
149 id. étoffes soie mélées de laine		

En 1773, on en comptait :

1246 id. en étoffes soie et mi-soie		1,332 métiers.
86 id. en bas de soie.		

En 1797 :

1192	id.	en étoffes soie . . .	
53	id.	en velours . . . . {	
526	id.	en rubans	2,316 métiers.
154	id.	en bas de soie. . .	
391	id.	en étoffes mi-soie. .	

On voit que, malgré les encouragemens, les récompenses et les prohibitions prodigués par Frédéric II et ses successeurs, à l'industrie de la soie, elle se traîna long-temps à-peu-près dans l'état où l'avait mise la révocation de l'édit de Nantes. Et quant à la culture du murier pour laquelle Frédéric avait fait de si grands sacrifices, il n'en reste plus de vestiges.

C'est que, quelque précieuse que soit la soie, les cultivateurs du Brandebourg ont plus de profit à planter des pins, à cultiver des navets et des pommes de terre, qui viennent naturellement, que des muriers auxquels le climat et le sol ne conviennent pas.

Des récompenses, des prix, et peut-être aussi des prohibitions, avaient, de même, autrefois, provoqué la culture de la vigne en Prusse ; et l'on y récoltait du vin, dont le climat a fait bonne justice, à la grande satisfaction des malheureux habitans que les droits imposés sur les vins étrangers obligaient à le boire.

Depuis 1797, dernière époque où nous avons relevé l'état de l'industrie de la soie à Berlin, jusqu'en

1819, le système de prohibition ou de restriction n'a cessé de régir l'économie commerciale du pays. Aussi ses fabriques sont-elles restées, relativement à celles de la Suisse et de la Saxe, en dehors du grand mouvement industriel imprimé par la paix.

On parlait bien, de loin en loin, de quelque bel et cher article de Berlin; mais le débit s'en bornait toujours à la haute consommation. Aux foires de Leipsick et même à celles de Francfort-sur-l'Oder, ces produits étaient presqu'inaperçus, et le châle commun, imprimé ou broché, était à-peu-près le seul qui trouvât à l'extérieur un débouché de quelqu'importance. Cet état de choses doit aussi être attribué à la cherté de la vie matérielle, et, par conséquent, de la main-d'œuvre. J'ajouterai qu'à Berlin, rien ne rachète ce grand inconvénient : c'est une belle et grande ville; mais sa position, malgré les efforts du gouvernement, n'est pas de celles que la nature semble avoir désignées pour devenir de grands centres d'activité et d'industrie, comme la position de Londres, de Liverpool, de Manchester, de Paris, de Lyon, de New-Yorck, etc., etc.

On compte à Berlin près de 3,000 métiers. La façon est de:

70 à 75 cent. pour l'aune du gros de Naples, simple chaîne;

85 cent à 1 fr. selon la réduction, gros de Naples, double chaîne;

1 fr. à 1 fr. 25 cent., selon la réduction, armure, satin turc, satin grec;

90 cent. à 1 fr., selon la réduction, marcelines fortes, taffetas, demi aune de large;

1 fr. 10 cent. à 1 fr. 50 cent, selon la réduction, façonnés, articles fabriqués à la Jacquard, en général.

Ces prix sont plus élevés que ceux payés à Lyon, et même en Angleterre; et cependant l'ouvrier de Berlin se plaint, se trouve malheureux, et gagne difficilement sa vie.

A Lyon, où les objets de première nécessité sont certainement plus chers qu'à Berlin, l'ouvrier s'estimerait heureux s'il obtenait des façons aussi élevées.

Il faut donc que l'ouvrier de Berlin soit inhabile ou que le temps perdu (le chômage), de son fait ou de celui du fabricant, soit encore plus considérable que dans nos fabriques.

Depuis quelques années, les fabriques de l'ancienne Prusse ont cependant pris une nouvelle vie, et leurs progrès se manifestent par la concurrence que nous font leurs produits sur les marché étrangers.

Des fabricans actifs et intelligens ont quitté la capitale, et sont allés s'établir dans la campagne ou dans de petites villes, où la vie n'est pas plus chère qu'à la campagne. Les fabriques de Züllichau, de Brandebourg, sont de date récente.

Tous les progrès se lient, et la société ne fait pas un progrès dans la voie intellectuelle, physique ou morale, que son heureuse influence, ne réagisse sur tous les modes de l'activité sociale.

L'affranchissement des juifs, en Prusse, en admettant au rang de citoyens des hommes que des préjugés d'une autre époque en avait fait exclure, n'a pas peu contribué au mouvement industriel que je viens de signaler.

Les juifs, en appliquant à l'industrie manufacturière cette intelligence des affaires, cette activité brûlante qui caractérisent la race de Jacob, ont nécessairemeut dû lui donner une nouvelle impulsion, mais aussi déranger et froisser des habitudes antiques; et cela explique les plaintes et les doléances des anciennes maisons, au sujet de la concurrence des juifs. Le fabricant qui entretient le plus de métiers (J. A. M. et Ce) est un israélite. Outre les nombreux métiers qu'il occupe à Berlin; il a, depuis peu, construit à Brandebourg deux ateliers, dont l'un renferme déjà 100 métiers en activité.

Croirait-on que la Saxe, ce pays qui se vante, avec raison, de ne pas avoir un citoyen qui ne sache lire, écrire et compter, n'a pas encore aboli les lois qui proscrivent ou flétrissent les juifs!

Croirait-on qu'à Leipsick, la ville du monde où il s'imprime et se vend peut-être le plus de livres, les juifs ne peuvent s'établir, et que quelques-uns seulement y sont tolérés et peuvent y dépenser leurs revenus, hors du temps des foires!

Croirait-on qu'à Dresde, la ville des arts, la Florence de l'Allemagne, les malheureux juifs qui, à grands frais, achètent la permission d'y vivre, sont encore soumis à des règlemens qui datent du moyen âge!

Espérons que les efforts des hommes avancés, si

nombreux en Saxe, vaincront enfin la résistance opiniâtre de l'intolérence, des préjugés ou des intérêts privés qui, là comme partout, se couvrent du manteau de l'intérêt public, et laveront le pays de cette tache qui le souille encore.

—

AUTRICHE.

VIENNE.

Une prohibition absolue protége les fabriques de l'Autriche, et néanmoins leurs progrès sont fort douteux, et leurs produits, mélangés laine et soie, qu'elles vendaient autrefois aux foires d'Allemagne, ne peuvent plus soutenir la concurrence des articles analogues de la Saxe, de la Prusse et de l'Angleterre. Leurs châles de laine sont presque le seul article qui se vende hors de l'empire.

On porte à 12,000 environ le nombre des métiers employés à Vienne et dans les environs, à la fabrication des étoffes de soie, soie et coton, soie et laine, des châles et manteaux, des rubans, galons, etc.

Il paraît que, depuis la paix, le nombre des métiers a plutôt diminué qu'augmenté. Mais il faut dire que l'introduction des métiers à la Jacquard, qui date seulement de 10 à 12 ans, a naturellement dû augmenter la quantité de travail exécutée dans les articles façonnés; elle a aussi permis de réduire beaucoup la main-d'œuvre, sans pour cela réduire les bénéfices de l'ouvrier.

Il faut ajouter encore qu'en Autriche, comme partout, le besoin de s'éloigner des grands centres de population s'est fait sentir, et que beaucoup de fabricans sont allés s'établir à Neustadt, à Linz, à Gratz, à Brünn, à Pesth.

On m'assure même que presque toutes les fabriques de châles ont quitté Vienne et ses faubourgs, pour s'établir en Bohème et en Moravie, où la main-d'œuvre est à bien meilleur marché, et que c'est à cette circonstance, ainsi qu'au bas-prix des matières premières, qu'il faut attribuer la faveur dont cet article jouit en Allemagne.

La Hongrie et la Transylvanie sont les dépendances autrichiennes qui tirent le plus de soieries de Vienne. En supposant que les fabriques établies dans les provinces aient autant de métiers que celles de Vienne, ce qui porterait le nombre total à 24,000, il est impossible de penser que leur travail suffise à la consommation de l'immense empire autrichien.

Les fabriques de la Lombardie, depuis qu'elles sont considérées comme nationales, ont bien une part dans son approvisionnement; mais la plus grande part est à la contrebande, qui se fait d'une manière très-active et fort étendue.

Les mêmes causes engendrent partout les mêmes effets, et partont, prohibitions et contrebande sont synonymes, inséparables.

Cependant, l'Autriche s'est montrée, à cet égard,

plus raisonnable que la France et l'Angleterre , qui se croient bien plus avancées qu'elle en économie politique ; car, tout en prohibant les objets manufacturés , elle affranchit presque de tous droits les matières premières. C'est ce que je démontrerai un peu plus loin.

—

RUSSIE.

La Russie , qui manque de bras pour fertiliser son immense territoire , et dont l'industrie agricole devrait être la principale , la Russie n'a pu se soustraire à l'influence des idées *continentales* ; et, méconnaissant sa vocation naturelle, qui devait la pousser à développer les ressources du sol, elle cherche par les moyens les plus artificiels et les plus onéreux, à développer l'industrie manufacturière.

Par des droits énormes, par des prohibitions, par des restrictions plus ridicules encore que des prohibitions, elle espère se rendre indépendante, se *soustraire*, comme l'on dit, au *tribut* payé aux fabriques étrangères.

Elle ne comprend pas, et comment le comprendrait-elle, puisque nous ne le comprenons pas encore? que les prohibitions, les restrictions et les droits, pèsent en définitive sur les consommateurs, et par conséquent sur l'état ; que si elle arrivait , à force de sacrifices, à ne plus avoir besoin des marchandises que les autres peuples lui donnent en *paiement* des *produits* qu'ils reçoivent d'elle, il en résulterait que ces peuples, ne pouvant plus payer avec les produits de leur travail, n'achèteraient plus les produits de son sol. — La Russie croit encore qu'on peut vendre sans acheter.

Eh bien! tous ses efforts, tous ses sacrifices n'ont amené que de faibles résultats, et les fabriques russes se traînent, parce qu'elles ne vivent que d'une vie artificielle.

Au 17ᵉ siècle, Moscou avait déjà des fabriques de soierie où l'on faisait des velours, des peluches, des petits droguets, des damas pour meubles, des taffetas, des mouchoirs et des bas ; mais, dit l'auteur qui parle de ces produits, toutes ces étoffes sont de la médiocrité la plus marquée.

Ce qu'on disait au 17ᵉ siècle des produits manufacturés russes, on peut encore le dire aujourd'hui.

—

LA HOLLANDE,

LES PAYS-BAS.

La tolérance, qui assurait en Hollande un asile aux proscrits pour cause de religion, dut nécessairement contribuer à l'établissement de toutes les industries, et surtout de celles exercées en France.

Aussi exista-t-il à Amsterdam, à Harlem et dans d'autres villes des manufactures de soieries qui rivalisèrent long-temps avec celles de Lyon et de Tours.

Cependant, malgré l'abondauce et le bas-prix des capitaux, l'économie proverbiale des Hollandais et les protections qui ne leur ont pas manqué, ces manufactures ont peu-à-peu disparu, et il n'en reste que quelques métiers qui travaillent presqu'exclusivement pour des consommations toutes locales.

C'est que, dans la grande division du travail, la vocation de la Hollande était plutôt commerciale que manufacturière. Celle de la Belgique est tout le contraire, et c'est à la différence de leurs natures qu'on voulait soumettre à la même direction, qu'il faut, sans doute, attribuer l'anthipatie qu'elles ont l'une pour l'autre.

Il en eût été tout autrement, si le gouvernement eut su un peu donner satisfaction à toutes deux, et ne pas sacrifier les intérêts de l'une aux intérêts de l'autre.

Quelques fabriques de soierie se sont établies en Belgique, particulièrement à Bruxelles, et ce sont nos lois de douanes qui leur ont donné naissance.

La prohibition des tissus foulards non imprimés, en privant Lyon d'une branche importante et complémentaire de son industrie, n'a servi qu'à développer cette branche en Angleterre et en Belgique. Ces pays, après avoir ajouté plusieurs mains-d'œuvre aux tissus, les vendent en grande quantité à la France.

L'ordonnance du 8 juillet admet à la vérité les tissus foulards avec un droit de 15 pour cent; mais la fixation de ce droit est une faute : car ce tissu devait être considéré comme une matière première, dont il faudrait plutôt encourager que gêner l'arrivage.

Il fallait, tout au plus, le frapper d'un droit fiscal de 5 pour cent, et non d'un droit protecteur de 15 pour cent.

Si c'est Lyon que le ministre entend protéger par ce droit, il se trompe complètement.

—

ITALIE.

SICILE.

Les fabriques de Palerme, de Milan, de Côme, de Venise, de Florence, de Lucques, de Sienne, de Bologne, de Gênes, qui, pendant plusieurs siècles, ont joui du privilége de fournir des soieries à toute l'Europe, ont, peu à peu, perdu ce monopole, et plusieurs d'entre elles n'ont conservé que quelques métiers occupés par leur propre consommation. Il serait très-curieux et très-utile de suivre pas à pas les progrès et le déclin de ces diverses fabriques; mais ce serait faire l'histoire entière des républiques italiennes; car, là comme partout, l'histoire du travail, de l'industrie, se lie intimément, *inséparablement* à l'histoire politique du pays.

Je me contenterai donc de tracer brièvement et par des chiffres l'état, présent des fabriques de soieries de l'Italie.

On compte à Gênes de 600 à 800 métiers qui travaillent principalement en velours et en damas.

La façon du velours s'y paie de 3 fr. 25 cent. à 3 75 l'aune.

La Toscane, qui ne prohibe rien, compte encore près de 4000 métiers que l'on peut répartir ainsi :

à Florence et ses environs . . . 3200
à Sienne. 400
à Lucques 400

Ces métiers fabriquent les lustrines, les serges, les satins pour le Levant, et quelques damas.

On n'évalue, terme moyen, qu'à six pièces par an, le travail de chaque métier ; ce qui provient de ce que le tissage est une occupation accessoire, confiée presqu'exclusivement aux femmes, qui sont obligées de vaquer aux travaux domestiques une partie de la journée.

Les deux tiers, à-peu-près, des soieries fabriquées en Toscane, s'exportent.

Le prix moyen de la façon pour les étoffes de 22 pouces de large est de 65 à 75 cent. l'aune.

On compte à Milan et ses environs 4000 métiers,
à Côme et sur les bords du lac . 2500 à 3000
à Bologne . . . . 1500 à 1800
à Turin. . . . . 3000 à 4000
à Faverges. . . . . 1000 à 1100
à Rome 1000
à Naples . . . . , . . . 300 à 400
à Naples, dans la fabrique royale 130

dont 20 ou 25 travaillent en ce moment, parce que

la fabrique n'a *plus de soie.* Or, il faut dire que cette fabrique royale ne travaille qu'avec les soies qu'elle récolte, et que son règlement veut qu'elle s'arrête lorsqu'elles sont épuisées. Cette année, comme sa récolte a été mauvaise, les 3/4 de ses ouvriers se croisent déjà les bras! Cependant la soie ne manque pas à Naples.

Je ne puis abandonner l'Italie sans parler d'une jeune fabrique, que l'activité des hommes qui la dirigent, a porté, en peu d'années, à un haut degré de prospérité. Faverges compte déjà mille métiers, et des ateliers se construisent pour augmenter encore ce nombre.

Cette fabrique tire ses avantages de la main-d'œuvre, de l'économie sur les frais généraux, et de la bonne division du travail, qui la met à l'abri des vols de matières qui, dans nos fabriques, et celles de l'Angleterre, s'élèvent certainement à plus de 5 pour cent sur la masse de la fabrication.

—

ESPAGNE.

L'Espagne a possédé jadis des fabriques considérables de soierie à Séville, Grenade, Ségovie, Tolède, Cordoue, Murcie, Valence, Sarragosse, Valladolid, Medina-del-Campo, Burgos, etc.

Don Ustaritz (*Théorie et pratique du commerce et de la marine, Madrid* 1724.) dit qu'au 15e et 16e siècles, on comptait, dans Séville et ses environs, 16,000 métiers en soie, qui, en moyenne, consom-maient 260 à 300 onces de soie par an, et dont le produit total s'élevait à 11,000,000 de piastres.

En 1478 et 1494, sous Ferdinand et Isabelle, on trouve déjà des règlemens au sujet de la fabrication et de la vente des brocards de soie. Il paraît donc que l'Espagne connaissait l'industrie de la soie avant la France et l'Angleterre. Il est à supposer que les Maures, qui lui ont tant laissé, lui laissèrent aussi cette source de richesses qu'ils avaient eux-mêmes importée de l'Orient. Rien ne fut épargné pour maintenir et développer cette industrie en Espagne; réglemens de tout genre, *prohibition* de la sortie des soies, *prohibition* des soieries de la Chine et de l'Asie, les plus redoutables à cette époque; peines sévères pour délit de contrebande, etc., etc. Et ce-pendant que sont devenues ces puissantes fabriques?

Il en existe bien encore, surtout dans la Cata-logne et le royaume de Valence; mais il faut qu'elles soient bien arriérées, puisque, malgré les énormes droits et les restrictions tracassières qui pèsent sur nos soieries, l'Espagne en consomme beaucoup.

Dans les ouvrages de don Ulloa et de don Us-taritz sur le commerce d'Espagne, on trouve des renseignemens fort curieux.

Il est à remarquer qu'au milieu d'idées fausses, les plus anciens auteurs qui se sont occupés de com-merce et d'industrie, émettent toujours, au sujet des matières, des idées plus justes que celles qui

4

inspirent aujourd'hui nos lois de douane, et qui servaient de base, il y a dix ans, à celles de l'Angleterre.

Ainsi donc Ustarit consacre un chapitre à prouver que, s'il faut défendre l'entrée des *perruques*, il faut, au contraire, permettre celle des cheveux pour leur fabrication.

Il cite (page 8), à l'appui de son opinion favorable aux droits sur les marchandises fabriquées, et contraire aux droits sur les matières premières, l'exemple de la *France*. — Après avoir parlé des droits imposés sur les marchandises : *On observe, dit-il, à l'égard des matières premières, une règle toute contraire et très-convenable, on exige, à leur sortie, des droits considérables...... Pour l'entrée des matières dont les manufactures ont besoin, les droits sont médiocres, souvent elle est franche...... En effet, une quantité de laine qui coûte un doublon, en vaut cinq, quand elle est employée. Les 4⁄5 reviennent donc à la main-d'œuvre, à la teinture et autres apprêts, et restent ainsi en bénéfice aux manufacturiers, et avec un million en matière, ils en font cinq par leur travail.*

—

ANGLETERRE.

Avant de quitter le continent, et d'aborder cette Grande-Bretagne, dont le commerce et l'industrie, poussés à des limites vraiment miraculeuses, en ont fait le pays le plus riche et le plus puissant du monde connu, j'éprouve le besoin de remplir une lacune que j'ai laissée, sans le vouloir, dans ce travail ; je veux parler de la marche de l'industrie de la soie en Europe, et particulièrement en Angleterrr, depuis son importation de la Chine.

L'industrie de la soie paraît avoir pris naissance en Chine, plus de deux mille ans avant l'ère chrétienne. On fait remonter à l'année 550, sous le règne de l'empereur Justinien, son introduction à Constantinople, d'où elle se répandit en Grèce, et particulièrement dans le Péloponèse. En 1147, le comte Roger II, premier roi de Sicile, ayant saccagé Céphalonie, Athènes, Thèbes et Corinthe, fameuses alors pour le travail de la soie, emmena à Palerme un grand nombre de leurs habitans. De la Sicile, l'*art* de la soie se répandit peu-à-peu en Italie ; et Venise, Milan, Bologne, Florence, Lucques, etc., furent bientôt renommées dans l'art d'élever les vers, de préparer la matière, et de fabriquer les étoffes.

Il paraît que vers la fin du 13ᵉ siècle, les papes introduisirent, dans le comtat d'Avignon, les muriers, les vers à soie, et même quelques manufactures de soieries ; mais ce ne fut qu'en 1480, sous Louis XI, que des ouvriers italiens s'établirent à Tours, et seulement en 1520, sous François Iᵉʳ, que des Milanais, des Florentins et des Lucquois, chassés par les guerres des Guelfes et des Gibelins, importèrent à Lyon le germe de l'industrie, qui a rendu cette ville si florissante, et qui, avec l'aide de Dieu et les efforts des hommes qui l'habitent, lui promet encore un long avenir de prospérité.

John Kemp, au 14ᵉ siècle, introduisit l'industrie de la soie en Angleterre; mais ce ne fut que pendant le long règne d'Elisabeth qu'elle commença à se développer, malgré les guerres civiles qui, si long-temps, désolèrent l'Angleterre; ses progrès furent soutenus, et en 1660 on comptait déjà 40,000 individus employés dans ses diverses branches.

Mais c'est surtout de la révocation de l'édit de Nantes (1685), que date le grand essor de cette industrie. On évalue à 50,000 le nombre de Français qui cherchèrent alors un refuge en Angleterre. Beaucoup d'entre eux qui, à Lyon ou dans le Midi de la France, avaient été employés dans la fabrication des soieries, s'établirent à Spitalfields.

A cette époque, les soieries étrangères entraient librement, et il paraît, d'après les tableaux de la douane, que de 1685 à 1692, temps des progrès les plus marqués des fabriques de soieries anglaises, leur importation annuelle s'éleva à la somme de 15 à 17,000,000 de francs.

Mais en 1697, les réfugiés français, *les victimes de l'intolérance*, demandèrent et obtinrent la prohibition des soieries des fabriques de France et d'Europe en général. En 1701, ils firent étendre les prohibitions aux soieries de Chine et des Indes.

De cette époque jusqu'en 1824, l'industrie de la

soie , en Angleterre, a végété sous la protection funeste des monopoles , des priviléges , des tarifs de façons et des prohibitions.

En 1824 , le parlement , sous l'influence de M. Huskisson, changeant de politique commerciale , révoqua le *tarif* accordé , en 1773, aux sollicitations des ouvriers du comté de Middlesex , et généralement connu sous le nom de *Spitalfields act*.

Fort de l'expérience de 120 années de prohibition, qui n'avaient servi qu'à paralyser l'énergie des fabricans et les développemens de l'industrie , dont la situation était devenue de plus en plus déplorable, M. Huskisson proposa, le 8 mars 1824, d'abolir toutes les prohibitions, à partir du 5 juillet 1826 , et de les remplacer par un droit de 30 pour cent. Mais, en même temps, et pour faciliter ce changement, il proposa la réduction immédiate des droits qui pesaient sur les matières premières brutes et moulinées (1).

Le système prohibitif ou protecteur avait pesé trop long-temps sur les fabriques de soieries anglaises, pour qu'un changement, quelque modéré qu'il fut, ne causât pas une perturbation, et certains dommages momentanés.

Aussi les plus vieilles fabriques , celles qui avaient joui des plus grands priviléges , et qui étaient naturellement aussi les plus arriérées, souffrirent-elles beaucoup de la libre entrée des soieries étrangères ; et , malgré les énormes droits et la prime élevée de contrebande qui les protégent , elles sont encore

( ) *Voyez Matières premières.*

étourdies du coup porté à leurs habitudes, et s'en relèvent bien lentement.

Mais ce qui les a étourdies a doublé la force et l'énergie des fabriques de soieries, attirées dans le Lancashire par toutes sortes d'avantages, et dont, bien avant la levée des prohibitions, la concurrence naissante nuisait déjà à Spitalfields.

La position des fabriques de Spitalfields, au milieu de la ville la plus peuplée de l'Europe, et où la vie est la plus coûteuse, est un vice auquel toutes les prohibitions ne sauraient remédier.

La position des fabriques de Lancashire, au contraire, est on ne peut plus favorable.

Manchester, la capitale de ce comté, la ville la plus étonnante de l'Europe, sous le rapport manufacturier, semble appelée à jouer, *un jour*, dans l'industrie de la soie, le rôle important qu'elle a su prendre dans l'industrie du coton.

Là, tout est neuf, rien ne se rouille, tout se renouvelle avec une incessante activité. Les hommes semblent généralement doués d'une énergie, d'une force de volonté remarquables, qu'ils appliquent presqu'exclusivement aux travaux du commerce et surtout de l'industrie. Les noms de James Hargraves et de Richard Arkwright, les inventeurs des machines causes des prodigieux développemens de l'industrie cotonnière en Europe, suffiraient seules à l'illustration de tout un peuple.

J'engage beaucoup ceux de mes concitoyens qui visitent l'Angleterre, à ne *plus* se borner à voir

Londres, sa vieille tour, ses docks, ses parcs, ses brasseries, et même son passage sous la Tamise ; tout cela est très-beau sans doute, et il faut le voir ; mais il s'en faut que, pour un *industriel*, ce soit d'un intérêt aussi pratique, aussi direct, que les ateliers de Manchester et l'activité de ses habitans.

Je ne recommande pas cette visite aux voyageurs qui cherchent du plaisir et des distractions: Manchester ne saurait leur en procurer ; mais je la recommande à ceux qui veulent réfléchir sur l'emploi du temps, cette science qui prolonge les heures, les jours, la vie ; cette science si essentielle surtout pour une population industrielle, et trop peu connue de la nôtre.

Pour donner une idée de l'accroissement rapide de l'industrie de la soie à Manchester et ses environs, je dirai seulement qu'en 1823 le nombre de métiers employés à la fabrication des articles soie et mi-soie était de 5,500.

En 1827 et 1828 (après la levée des prohibitions), de 12,000

Et qu'on le porte aujourd'hui à . . . 18,000

En 1823 on évaluait dans les établissemens de moulinage, le nombre des bobines à 21,000

En 1832, à 84,000

Mais revenons aux généralités :

Lorsqu'en 1824, peu avant la levée des prohibitions, je visitai l'Angleterre, je trouvai l'industrie de

(1) *Voyez Matières premières.*

la soie entièrement dans l'enfance. Elle avait végété dans l'ornière de sa création, et sa position contrastait singulièrement avec celle des autres industries anglaises bien plus jeunes qu'elle.

Cet état d'enfance ou de marasme des fabriques anglaises devenait d'autant plus dangereux pour elles, que les fabricans étaient bien et dûment convaincus de leur supériorité sur celles du continent, qu'ils ne connaissaient cependant que par tradition.

C'est à cette présomption qu'il faut surtout attribuer le peu d'opposition des fabricans anglais à la levée des prohibitions.

La Chambre de commerce a vainement cherché à se procurer des soieries de cette époque pour les exposer à côté de celles de 1834. — Il est à regretter qu'elle n'ait pas réussi, car chacun eut pu juger des immenses progrès accomplis depuis la libre entrée des soieries étrangères.

L'aiguillon de la concurrence, l'abondance des modèles, le mouvement imprimé à la consommation par l'arrivage plus facile d'articles nouveaux, tout cela a, dans l'espace de huit années (de 1826 à 1834) fait combler une lacune réelle de près d'un siècle.

En examinant avec attention, *sans oublier le point si rapproché de départ*, les produits des fabriques anglaises, on ne peut réprimer un sentiment de surprise et de crainte, surtout lorsqu'on pense aux immenses moyens que trouveront les industriels anglais dans l'accumulation des capitaux, dans l'esprit d'association et d'entreprise, et dans leur supériorité, jusqu'ici inconstestable, pour les arts mécaniques.

A propos de la levée des prohibitions, on objectera, peut-être, que les droits et les restrictions souvent tracassières et ridicules qui les ont remplacées sont prohibitifs ; mais ils ne le sont qu'en apparence, car leur taux élevé et les tracasseries qui enveloppent leur perception, créent et facilitent une contrebande active, dont on peut évaluer le produit à 11 ou 12 millions, et n'empêchent pas que 10 à 12 autres millions de soieries n'acquittent encore les droits de douane.

S'il ne fallait faire la part des obstacles nombreux qui, partout, se dressent contre l'introduction de tout nouveau système, quelque supérieur qu'il soit à celui qu'il vient remplacer, ces droits élevés, ces restrictions mesquines et tracassières, prouveraient seulement que le gouvernement anglais ne comprend pas mieux que les autres l'économie des lois dites *protectrices*, et, qu'au fait, ses théories sont encore plus avancées que ses actes.

Mais personne, bien certainement, ne mettra en doute les lumières et la volonté d'avancer de M. Poulett Thomson qui, en ce moment, dirige le ministère du commerce. Ce n'est pas seulement un théoricien distingué, un faiseur de beaux discours comme il y en a tant ; c'est encore, ce qui est plus rare et vaut bien mieux, un praticien habile, qui a fait ses preuves comme négociant. Les hommes avancés de son pays espèrent qu'il les fera comme ministre, en modifiant de nouveau les lois et les règlemens de douanes et en détruisant enfin les iniques et ruineuses lois sur les grains.

Depuis la libre entrée des soieries étrangères , le nombre des métiers a considérablement augmenté et des fabriques de soieries se sont établies sur tous les points. Il en existe non-seulement à Spitalfields , Manchester , Coventry et Macclesfield, mais encore dans les environs de Londres, dans tout le Lancashire, à Congleton , Leek , Derby , à Norwich , à Yarmouth , à Glascow , à Paisley , etc. Je ne crois pas exagérer en portant à 70,000 le nombre des métiers [employés, dans la Grande-Bretagne, à la fabrication des soieries, rubans, et articles mélangés soie et laine, ou soie et coton.

Jusqu'ici, l'organisation industrielle de ces fabriques est restée à-peu-près la même que la nôtre , et le temps qui s'est écoulé depuis la libre entrée, n'a été employé qu'à remplir l'immense lacune qui les séparait de nous ; elles y sont parvenues, en appliquant tous nos procédés de fabrication et de teinture , et peu d'entre elles ont osé se départir de ce système d'imitation.

J'ai cependant vu à Manchester quelques métiers mécaniques, appliqués au tissage du foulard , et l'on m'assure qu'il existe à Glascow des ateliers considérables , dont les métiers, mus par la vapeur , tissent du gros de Naples ; mais il est certain que ce ne sont encore que des essais, et que le système général est comme en France , en Allemagne et en Suisse ;

celui du travail dispersé par ateliers de 1 à 6 métiers.

Mais, dans l'industrie de la soie, en Angleterre comme sur le continent, la concurrence intérieure, elle-même, est devenue trop active et trop puissante pour qu'avant peu, la vieille organisation du *travail* en *familles*, ne fasse pas place à celle du *travail* en *ateliers*. C'est d'ailleurs pour les contrées où l'existence est chère, le seul moyen de concourir avec celles où l'existence est à bon marché. Cette transformation du travail sera-t-elle un bien ou un mal pour la classe si nombreuse et si intéressante des ouvriers? c'est ce que je ne veux pas examiner ici. Mais quoiqu'il en soit, elle aura lieu, parce que c'est la marche naturelle de toutes les industries.

Voici les variations du prix de façon des gros de Naples, double chaîne, tramés 2 ou 3 bouts, à Spitalfields, de 1805 à 1833.

De 1805 à 1824 (1) . . . . » f. 90 c. le yard.
En Juin 1825. . . . . . 1 » id.
En Mars 1826. . . . . » 80 id.
En Mai 1828. . . . . » 70 id.
En Août 1829. . . . . » 65 id.
En Nov. 1829. . . . . » 55 id.
En Mars 1830. . . . . » 60 id.
En Août 1831, et sans variations jusqu'en 1833. . » 55 id.

(1) Rappel du tarif des façons : *Spitalfields act.*

J'ajoute encore le tableau des prix de façon des articles principaux que fabrique Macclesfield.

Années.	Mouchoirs 3|4 façonnés. par douzaine. fr. c.	Mouchoirs 3|4 noirs, frangés. par douzaine. fr. c.	Foulards 3|4 écrus. p. pièces de 7. fr. c.	Sarcenet simple. le yard. c.	Gros de Naples. le yard. fr. c.
1823.	3o »	12 5o	4 35	9o	1 3o
1824.	27 5o	11 25	4 35	9o	1 25
1825.	3o »	11 75	4 35	9o	1 25
1826.	20 »	10 »	3 15	8o	1 o5
1827.	17 5o	9 4o	3 15	65	» 85
1828.	17 5o	8 75	3 15	65	» 85
1829.	15 »	8 10	3 15	55	» 65
183o.	13 5o	8 10	2 85	55	» 75
1831.	11 5o	7 8o	2 85	45	» 65

A Manchester et dans le Lancashire, la main-d'œuvre a baissé dans une proportion moins grande que dans le comté de Middlesex, parce qu'aucun tarif ne l'avait élevée artificiellement. Il faut cependant dire que, depuis la libre entrée dans tous les centres de fabrication, la baisse des façons sur les articles soie, a été fort considérable.

Il est vrai que l'introduction de tous les procédés employés sur le continent, a dû faciliter le tissage en le simplifiant; mais pas assez pour compenser, sans privations pour l'ouvrier, la différence énorme des salaires.

Ces chiffres m'ont été fournis avec le plus grand empressement par l'honorable M. J. R. Porter, chef du bureau de statistique commerciale à Londres.

LA CHINE.

Malgré les renseignemens recueillis par les missionnaires sur cet intéressant pays, il est encore fort difficile de se faire une idée exacte de ses moyens et procédés industriels; mais ses produits qui, sur tous les marchés du monde, font encore concurrence à ceux de l'Europe, prouvent qu'ils doivent être bien puissans.

Les Chinois se vantent d'avoir possédé *l'art* de la soie 2000 ans avant l'ère chrétienne.

Le fait est que l'Empire romain a, pendant bien des siècles, tiré à grande peine et à grands frais, les étoffes de soie de la Chine, et que ce n'est que sous le règne de Justinien que l'art de leur fabrication a été connue en Orient.

Il paraît que les Chinois connaissent depuis des siècles, la plupart des procédés de fabrication que, chaque jour, nous découvrons et appliquons comme nouveaux.

Ainsi, un ancien auteur, en parlant des manufactures de soierie de la Chine, dit : « Les Chinois font, comme nous, débouillir la chaîne à fond; mais ils ne cuisent la trame qu'à demi, ce qui donne à l'étoffe plus de fermeté et de consistance. »

Les Chinois copient avec une rare habileté les articles qu'on leur soumet comme modèles; et cette faculté rendrait leur concurrence très redoutable, sans la distance qui les sépare, et qui ne leur permet pas de suivre les changemens si rapides du goût et de la mode, changemens merveilleusement facilités par l'invention du métier-Jacquard.

Ce n'est guerre que depuis 1820, qu'en Amérique, nos soieries ont pris le dessus sur celles de Chine. Et pour arriver à ce résultat, il a fallu la paix de 1815 qui, en activant les relations d'échange de la France et de l'Amérique, a fait, peu-à-peu, pénétrer et dominer notre goût et nos modes.

Le commmerce des Etats-Unis avec la France et l'Europe, est d'ailleurs bien plus facile et plus naturel qu'avec la Chine, puisqu'en échange des objets manufacturés ils nous envoient les produits de leur sol, tandis qu'ils ne peuvent envoyer en Chine que du numéraire.

Aussi, jusqu'en 1829, les soieries de Chine ont-elles payé 25 p. °|₀ de droits, et celles d'Europe 20 p. °|₀.

En 1830, le droit a été porté à 30 p. °|₀ pour celles de Chine, et il est resté de 20 p. °|₀ pour celles d'Europe.

En 1832, à 10 p. °|₀ sur les soieries de la Chine et à 5 p. °|₀ sur celles d'Europe. Depuis le 1ᵉʳ Janvier 1834, les soieries d'Europe ne paient plus aucun droit, et celles de Chine continuent à payer 10 p. °|₀. Cet avantage est de la plus haute importance pour nous.

Il paraît qu'en Chine, la fabrication des soieries est presque aussi considérable que celle du coton en Europe, et que les exportations sont très insignifiantes, relativement à la consommation intérieure qui doit être immense, puisque la soie est portée par toutes les classes de la société.

J'ai parlé de l'esprit imitateur des Chinois. Je vais citer une anecdote qui prouvera qu'ils l'appliquent consciencieusement et sans grands frais d'imagination ou de réflexion.

Il y a quelques années, une maison de New-York, commit en Chine 5 caisses de mouchoirs façonnés, assortis, conformes à un mouchoir de fabrication lyonnaise, qu'elle envoya comme modèle. Ce mouchoir était jaune citron. — Au bout du temps fixé, le négociant de New-York reçut ses 5 caisses de mouchoirs, parfaitement conformes à l'échantillon ; mais tous de la même couleur, jaune citron.

MATIÈLES PREMIÈRES.

On peut avancer avec assurance que l'une des conditions indispensables d'une bonne organisation industrielle est l'abondance, le bon marché, la variété des matières premières.

Elles sont vraiment la vie de l'industrie, la source de tout travail ; et de leur plus ou moins d'abondance, dépendit souvent l'oisiveté ou l'activité, c'est-à-dire, la misère ou le bien-être de la classe la plus nombreuse.

Les droits ou les prohibitions qui les frappent sont donc les plus injustes et les plus nuisibles.

Ce qui se passe à Lyon depuis plus de six mois, suffirait à le prouver.

Les hausses successives qu'ont subi les soies, en diminuant la consommation, et obligeant nos fabri-. cans à la plus grande réserve, ont privé de travail plus de la moitié de nos ouvriers.

Si les longues laines anglaises n'étaient pas prohi-bées, si les cotons filés de toutes provenances et de tous numéros pouvaient entrer au moins comme en Autriche ou en Prusse[1], avec un droit modéré, le travail n'aurait certainement pas manqué, car, nos fabricans, bien mieux que ceux de Manchester et d'Elberfeld, qui, sans cesse, les copient, auraient su créer des articles mélangés soie et laine ou soie et coton, propres à la grande consommation.

Où en serions-nous donc, cette année de mauvaise récolte en France, sans la libre entrée des soies étrangères! Nous payerions les soies plus cher que toutes les autres fabriques, et les commissions que l'Amérique donne ou promet, au lieu d'occuper nos malheureux ouvriers, passeraient en Suisse, en Alle-magne ou en Angleterre.

Cependant, pour le gouvernement et le pays, la question de la libre entrée des soies était aussi déli-cate, et bien plus compliquée que celles de la libre entrée des cotons, qui n'est qu'industrielle, et ne touche qu'un intérêt, celui des fileurs; tandis que l'autre est industrielle et agricole, et touche deux intérêts, celui des producteurs et des fileurs. La grande différence est dans la position des intéressés. Les filateurs de coton sont, en général, de puissans personnages, dont l'influence dans la chambre et sur le gouvernement est très-grande.

Voilà vingt ans et plus que cette industrie est protégée par une prohibition absolue, qui coûte au pays
d'énormes sacrifices, et qui arrête le développement
d'autres industries tout aussi intéressantes, et très-
considérables. Cette protection a-t-elle amené les
résultats que les protégés avaient promis au gouvernement? Non, puisque maintenant ils crient qu'ils
seraient perdus si la prohibition générale était levée,
et remplacée par un droit moindre que 3o à 5o pour
cent. Et cependant, à quelques lieues des principales
filatures françaises, en Suisse, il s'est élevé, et il s'é-
lève, chaque jour, des filatures semblables, que *rien ne
protége*, qui concourent avec les filatures anglaises,
et qui livrent le fil, assez beau et assez bon marché,
aux tisseurs et indienneurs des cantons de Zurich,
d'Aarau, de St-Gall, pour leur permettre de soutenir
aussi la concurrence des tisseurs et indienneurs
anglais, sur tous les marchés du monde.

Le tableau suivant des prix comparés d'une filature
de Manchester et d'une filature d'Alsace, donnera
la mesure de la protection, ou plutôt de la subvention
accordée aux filatures françaises par les tisseurs et
les consommateurs.

NOTE DES PRIX

Des mois de juillet et d'août 1834, des cotons filés 1re qualité pour chaîne à Manchester.

Ces prix sont calculés avec l'addition de 10 p. 0⁄0, pour la différence de la livre anglaise au 1⁄2 kil. français, le schelling est chiffré à 1 f. 25 c.

NOTE DES PRIX

Des cotons filés 1re qualité pour chaîne, de M. N. Schlumberger. Les nos correspondans aux nos anglais en regard.

Ces prix sont calculés comme on les établit à Tarare, l'escompte de 6 p. 0⁄0 déduit, et d'après l'ancienne échevette française, et non l'échevette métrique qui figure à côté.

	le 1⁄2 kil. fr. c.		métrique.	ancien système.	le 1⁄2 kil. fr. c.	différence p. 0⁄0
Nº 50 anglais,	2 20	Nº	42	55	3 62	
		Prix coton anglais,			2 29	
		Différence,			1 33	58
Nº 60 "	2 40	Nº	50	66	4 34	
		Prix anglais,			2 40	
		Différence,			1 94	61
Nº 70 "	3 15	Nº	59	77	5 07	
		Prix anglais,			3 15	
		Différence,			1 92	61
Nº 80 "	3 43	Nº	67	88	5 79	
		Prix anglais,			3 43	
		Différence,			2 36	69
Nº 90 "	3 98	Nº	77	99	6 51	
		Prix anglais,			3 78	
		Différence,			2 73	72
Nº 100 "	4 12	Nº	84	110	7 49	
		Prix anglais,			4 12	
		Différence,			3 37	81

	le 1/2 kilo. fr. c.	métrique ancien système.		le 1/2 kilo. fr. c.	différence p. 0/0.
Nᵒ 110	» 5 35	Nᵒ 92	121	8 52	
		Prix anglais,		5 35	
		Différence,		3 17	59
Nᵒ 120	» 5 50	Nᵒ 100	132	9 62	
		Prix anglais,		5 50	
		Différence,		4 12	75
Nᵒ 130	» 6 08	Nᵒ 109	144	11 16	
		Prix anglais,		6 08	
		Différence,		5 08	83
Nᵒ 140	» 6 75	Nᵒ 117	154	11 94	
		Prix anglais,		6 75	
		Différence,		5 19	77
Nᵒ 150	» 7 90	Nᵒ 126	165	13 18	
		Prix anglais,		7 90	
		Différence,		5 28	67
Nᵒ 160	» 9 05	Nᵒ 139	176	14 47	
		Prix anglais,		9 05	
		Différence,		5 42	60
Nᵒ 170	» 10 77	Nᵒ 182	187	15 80	
		Prix anglais,		10 77	
		Différence,		5 03	46 3/4

Nota. Depuis le mois de septembre, il y a eu variation sur les prix des cotons français ; ainsi M. N. S. a haussé les prix de ses nos au-dessous du 142 français ou 168 anglais, qui restent prohibés, et il a, au contraire, baissé ceux des nos admis.

Cet état de choses, si onéreux à l'industrie générale de la France, ne sera pas sensiblement amélioré par l'ordonnance qui permet enfin l'importation des filés anglais au - dessus du numéro 143 métrique, avec un droit *plus élevé* que la prime de contrebande à la frontière. Cette timide mesure n'a réellement de mérite que comme premier pas vers un système raisonnable. Quant à son avantage actuel pour l'industrie, il n'est pas grand, car elle ne lui donne que ce que lui donnait la contrebande tolérée (1), et encore le lui fait-elle payer plus cher. Pour qu'elle eut une importance réelle, il faudrait d'abord que tous les numéros fussent admis, et que le droit ne dépassât pas 2 fr. 20 c. (décime compris,) au moins, jusqu'au numéro 90 anglais, ou 77 métrique, et 2 fr. 55 c. (décime compris), pour les numéros 100 et au-dessous. — Ces droits laisseraient encore à nos fileurs une *protection* de 80 à 30 pour cent, plus les frais, selon les numéros, pour ceux de la première série qui forment la grande masse des filés français, et 30 à 12 pour cent, selon les numéros, sur ceux de la seconde, de 100 à 200, qui, relativement, sont d'une faible importance, et que tous nos industriels considèrent, même à prix égal, comme inférieurs aux filés anglais.

Un droit ainsi combiné, ne compromettrait que

(1) Le droit établi par l'ordonnance, s'élève de 27 à 55 pour o/o sur les n. 170 à 200 anglais, et il est bien connu que la prime de contrebande varie de 15 à 20 pour o/o, selon la frontière.

l'existence des filatures mal établies, qui, tôt ou tard, seront écrasées par la concurrence intérieure; et, quant à celles qui réunissent les élémens indispensables du succès, capital, capacité et position convenable, ce changement limiterait certainement leurs bénéfices, et les ferait peut-être changer de système, de procédés, mais il ne saurait les ruiner.

Pour revenir à notre localité, je dirai que, depuis bien long-temps, les hommes qui s'occupent des questions industrielles, comprennent que la grande valeur de la matière que nous employons est une des causes principales de la précarité du travail, précarité qui désespère souvent l'ouvrier et le fabricant, en les exposant à de fréquentes alternatives de calme et d'activité.

Nous n'aurons un travail plus suivi, plus permanent, que lorsque notre industrie s'exercera sur des matières courantes, comme la laine et le coton; et cela n'aura lieu que lorsque nous aurons ces matières en abondance et à bas prix, comme nos concurrens.

A ce sujet, je citerai un fait relatif à l'un de nos plus honorables et plus habiles fabricans:

Pendant le calme que notre industrie vient de traverser, M. R..., stimulé par le désir d'occuper ses ouvriers, fit de nombreux essais pour obvier, par l'emploi du coton, au prix élevé des soies.—Il réussit, obtint des ordres; mais il eut la douleur de ne pouvoir les exécuter, parce que les filateurs français, protégés par la prohibition, ne lui livrèrent ni les numéros, ni les quantités qu'il demandait.

Les ordres furent donnés à Crefeld.

J'ai parlé des laines, et particulièrement des laines longues anglaises : je citerai, à ce sujet, la réponse de la Chambre de commerce de Lyon aux questions qui lui avaient été adressées par M. Thiers, alors ministre du commerce.

Question du ministre. — « Reste-t-il des prohibitions de produits étrangers que l'on put faire cesser, sans risquer de porter une perturbation violente dans les industries pour la défense desquelles on avait cru devoir les établir ? »

Réponse de la Chambre. — « La Chambre de commerce de Lyon est convaincue, qu'il est dans *l'intérêt général* de substituer, à toutes les prohibitions, des droits dont le taux soit toujours *audessous* de la prime *connue* de contrebande ; mais, parmi celles qui sont le plus directement nuisibles à l'industrie, en général, et à celle de Lyon, en particulier, la Chambre citera les cotons filés de *tous numéros* et les laines longues anglaises. »

« Les cotons filés, car il est irrécusablement prouvé qu'ils sont, pour ainsi dire, une matière première indispensable aux industries que leur rareté, leur cherté ou leur infériorité empêchent de se développer.

« Les longues laines anglaises, dout rien n'a jamais motivé la prohibition, puisqu'il n'existe pas en France de troupeau donnant des qualités semblables, seraient, avec les cotons filés, une source abondante de travail pour une fabrique, et l'exemple suivant vient à l'appui de cette opinion :

« Il y a quelques années, il fut accordé à la *savonnerie*, à M. Sellières et à M. Ch. Dépouilly, des *licences* pour l'introduction d'une certaine quantité de laines anglaises. L'apparition de ces nouveaux matériaux donna naissance à une foule de tissus nouveaux ; mais leur fabrication n'eut pas de suite, parce qu'une fois ces laines épuisées, il fut impossible de les remplacer par les laines françaises, qui n'ont pas les mêmes propriétés, et produisent des tissus moins beaux et plus chers que les tissus analogues anglais introduits par contrebande.

« Dans l'intérêt général, il conviendrait de réduire à un simple droit de balance, *tous les droits* qui pèsent sur les matières premières en général..... »

J'ajouterai, qu'en ce moment, beaucoup de nos fabricans auxquels la voie de la contrebande répugne, sont cependant obligés d'y recourir pour les laines filées, et que la prime qu'ils payent s'élève de 50 à 60 pour cent. Ne vaudrait-il pas mieux pour tout le monde, excepté pour le contrebandier, que toutes les laines filées fussent admises avec un droit de 10 à 15 pour cent. — Les fantaisies anglaise et suisse entrent bien avec un simple droit de balance, ce qui n'empêche pas les filatures françaises de subsister ; mais la fantaisie aurait eu le sort du coton et de la laine, si ses représentans eussent été aussi puissans que les filatures de coton, auprès des gouvernemens qui se sont succédé depuis l'Empire.

Je terminerai ces considérations générales, par un tableau des droits comparés, qui, dans les di-

vers pays manufacturiers , pèsent sur les matières
premières les plus importantes. Ces chiffres prouveront mieux que tous les plus longs raisonnemens ,
dans quelle fausse voie nous sommes engagés, et quel
désavantage il en doit résulter pour nos industriels ,
dans la concurrence qu'ils ont à soutenir avec
l'étranger.

TABLEAU COMPARATIF

DES DROITS IMPOSÉS SUR LES MATIÈRES PREMIÈRES,

Dans les principaux pays manufacturiers de l'Europe.

	Houilles.	Minérai.	Fonte.	Fer.	Laine brute.	Laine filée.	Coton en laine.	Coton filé.	Observations.
FRANCE.	Par eau, les 100 kil. 1 fr. 10 cent. Par terre, il existe quatre droits différens, 60 c., 11 c., 16 c. 1/2 et 33 c.	Les 100 kil., 1 fr. 10 c.	Par eau, en gросse, les 100 kil., 9 fr. 90 c. Par terre, deux droits différens, 200 kil. 6 fr. 60 c. et 9 fr. 60 c.	Fer en barres, varie selon huit ou dix dénominations, de 27 fr. 50 c. à 55 fr. les 100 kil.	En masse 22 p. 0/0 de la valeur. Peignées, 35 p. 0/0.	Prohibée. L'introduction par contrebande, coute de 40 à 50 p. 0/0.	Des pays hors d'Europe, 22 fr. les 100 kil. Prohibé par la frontière de terre.	Le quintal 10 kil. 385 fr. retors, 440 fr. Au-dessous du n° 245 prohibé, l'introduction par contrebande coûte de 15 à 33 p. 0/0.	Tous les droits sont calculés le décime compris et, pour les petites fractures, par centime français, par centime étranger, qui sont encore bien plus considérables. — Les matières et didactives relatives à chaque article, ne pouvaient figurer au tableau.
ANGLETERRE.	La tonne, 10 fr.	La tonne, 6 fr. 25 c.	Fonte en gueuses, la quantal, 10 p. 0/0 de sa valeur.	En barres forgée, le quintal, à 6 fr. 25 c. Ouvrages en fonte, 10 p. 0/0 de la valeur.	Valant moins de 1 fr. 25 c. la livre; — la livre, 5 c. valant plus, ... 10 c.	60 c. la livre.	Le quintal, 7 fr. 25 c.	10 p. 0/0 de la valeur.	
PRUSSE. *Bavière, Wurtemberg, Hesse, l'Union douan.*	Le quintal , 20 c.	Exempt de droits.	Le quintal, 3 fr. 75 c.	Forgé, le quintal, 3 fr. 75 c.	Exempte de droits.	Filée à trois tors et plus, 22 fr. 50 c. le quintal.	Exempt de droits.	Non tors le quintal, 7 f. 50 c. Double tors à tricoter, 22 fr. 50 c.	
AUTRICHE.					Le quintal , 74 c.	Le quintal , 74 c.	Le quintal, 4 fr. 31 c.	Le quintal , 1 fr. 80 c.	
BELGIQUE.	Française, les 1000 livres, 2 fr. 90 c., autres, 7 p. 0/0 de sa valeur.	1/2 p. 0/0 de la valeur.	En gросse, telle qu'elle sort des hauts fourneaux et ouvrée en matériaux et articles coulés, 2 fr. 12 c. les 100 livres.	Forgé en barres, verges et carillons, les 100 liv. 22 fr. 71 c.	Exempte de droits.	Brute, les 100 livres, 12 fr. 72 c.; simple ou teinte ou non, les 1406 v. 16 fr. 98 c.	Les 100 livres, 80 c.	Non tors et non teint, les 103 livres, 84 fr. 80 c., tors ou teint, les 100 livres, 196 c.	Pour que le tableau fût complet, il faudrait y ajouter toutes les matières, qui, bien de teinture, les huiles, le salpêtre, les drogues, les bois de construction, le pétrol, etc., etc., tant il faisait entrer en ligne — Les droits sur tous ces articles, sont d'ailleurs, sauf très peu d'exceptions, plus élevés en France que partout.
SUISSE.	Elle n'a point de douanes, et les droits de ville qui existent dans quelques localités et sur certains articles, ne sont que des droits de balance insignifiants.								
SAXE.	Avant son adhésion au tarif prussien, elle se trouvait absolument dans les mêmes conditions que la Suisse, ses douanes étaient des octrois.								

MATIÈRES PREMIERES.

SUISSE, ALLEMAGNE.

De tous les états manufacturiers de l'Europe, la Suisse est le mieux partagé, sous le rapport des matières premières ; car aucun droit sérieux ne les frappe, aucune disposition législative n'en restreint comme en France, l'arrivage par telle ou telle frontière. Aussi, la concurrence de la Suisse est-elle fort redoutable, et ses établissemens de filature se multiplient rapidement. La *Saxe*, avant son adhésion au système prussien, jouissait des mêmes avantages, avantages auxquels il faut, en grande partie, attribuer le développement rapide de toutes ses industries. Sauf un droit *d'accise* ou de balance, les matières premières, comme les marchandises manufacturées, entraient librement en Saxe.

On y compte environ 90 filatures de coton, et 30 à 40 de laine ; la Prusse n'en a pas davantage, et ses produits sont généralement moins estimés. Les filatures de coton de la Saxe filent une aussi grande quantité de matières que celles de la Prusse.

Cependant l'une a quatorze-cent mille habitans, et l'autre, treize millions. D'où vient l'avantage marqué de la Saxe ? Le tableau des droits comparés de chaque pays, répond à la question et la résout.

Les filatures de coton de Saxe et de Prusse, ne perdent pas leur temps et leurs efforts à lutter avec les filatures Anglaises, dans les numéros au-dessus 100, parce que l'expérience leur a prouvé qu'elles ne peuvent soutenir leur concurrence; mais dans les numéros 20 à 60, qui sont les plus courans, elles ne la redoutent pas, et celles de *Saxe* passent mêmes pour les filer mieux, et à meilleur marché. Je ne m'étendrai pas davantage sur les matières premières de ces divers pays; d'abord, parce que le tableau des droits, que j'ai déjà donné, dit beaucoup; ensuite parce que les renseignemens statistiques manquent, ou sont fort difficiles à obtenir.

Sous le rapport des soies, depuis que nous avons obtenu la libre entrée, nous n'avons rien à leur envier; au contraire, nous sommes, maintenant, beaucoup mieux placés qu'eux.

MATIÈRES PREMIÈRES.

ANGLETERRE.

Il n'y a pas bien long-temps que l'Angleterre a compris l'avantage que retire un pays manufacturier de l'abondance et du bas prix des matières premières.

C'est encore à M. Huskisson qu'elle doit son changement de système.

Jusqu'en 1824, on aura peine à le comprendre, les droits sur la soie moulinée étaient de 18 f. 25 p. liv.

Sur les soies grèges du Bengale, de   5   »   id.

Sur les soies grèges étrangères, de   7   »   id.

Depuis la levée des prohibitions des soieries étrangères, jusqu'à ce jour, ces droits ont été réduits :

Sur les soies ouvrées, en organsin, à 4 f. 35 c. p. l.

Sur les soies ouvrées, en trame, à 3   »   id.

Sur les soies grèges, de toute provenance, 10   id.

L'acte du Parlement, sanctionné le 7 Août 1832,
qui supprime presque toutes les primes de sortie,
maintient, comme compensation ou restitution du
droit énorme, perçu encore sur les soies ouvrées,
un *drawback* ou prime de sortie, sur les étoffes et rubans de soie, valant au moins 14 sch. la livre,
de 3 sch. 6 deniers par livre.

ceux idem, mélangés de coton, id.   4, 8 d. de 1, 2 d.

    idem.   idem.   de laine,   2, 4   » 7

Il est facile de voir que les gigantesques progrès,
accomplis dans l'espace de 8 années, par l'industrie
de la soie en Angleterre, ont pour cause le changement de sa politique commerciale, autant sous le
rapport des matières premières, que sous celui des
marchandises manufacturées ; on le comprendra
mieux encore en étudiant un peu les tableaux
suivans.

Quantités de soie grèges et de bourres de soie qui sont entrées dans le royaume uni pour la consommation intérieure , pendant les 10 années qui ont précédé le changement de système. De 1814 jusqu'en 1823 inclusivement , et pendant les 5 années qui ont suivi , de 1824 à 1828 inclusivement.

années	Soies grèges.	Bourre de soie et frisons.	Total des soies brutes, et ouvrées.	Droits.
	livres.	livres.	livres.	
1814	1,504,235	29,234	1,533,469	
1815	1,069,596	27,971	1,097,567	
1816	873,414	4,162	877,576	5 fr. par livre sur les soies grèges du Bengale.
1817	1,343,051	49,055	1,392,106	
1818	1,444,881	86,940	1,531,821	7 fr. par livre sur les soies grèges étrangères.
1819	1,446,097	71,331	1,517,428	
1820	1,622,799	94,883	1,717,682	4 fr. 70 c. sur les bourres de soies de toutes provenances.
1821	1,864,513	105,047	1,969,560	
1822	1,993,764	64,921	2,058,685	
1823	2,051,895	52,262	2,104,257	
	15,214,245	585,906	15,800,151	

Avérage des dix dernières années de l'ancienne législation.	1,580,015 l.

1824	3,414,520	133,257	3,547,777	Les droits à 50 c. par livre sur toutes les soies brutes en général.
1825	2,848,506	495,910	3,644,416	
1826	Pendant ces trois années, les droits étant les mêmes sur les bourres de soie et les soies grèges, la différence n'a pas été faite ou donnée.		3,964,188	Les droits à 10 c. par livre sur toutes les soies brutes en général.
1827			3,759,138	
1828			4,162,550	
			16,478,069	

Avérage annuel des cinq premières années de la nouvelle législation. . .	3,295,614 liv.
Accroissement annuel depuis la baisse des droits.	1,715,509

J'aurais voulu donner aussi le tableau des soies ouvrées, introduites avant et depuis le changement de système ; mais je n'ai pu me le procurer que pour l'année 1823 qui présente en organsin et trame, 328,029 livres, et pour l'année 1830, 436,535.

Voici un autre relevé, fait à la douane, du nombre de balles de soie des principales provenances, entrées depuis 1825, (nouvelle législation) jusqu'au 31 Décembre 1833. Ce tableau complète le précédent et lui sert de contrôle.

Années.	Soies d'Italie, balles.	de Bengale, balles.	de Chine, balles.	Brousse, balles.	de Perse. balles.	total. balles.
1825	10,505	6,240	1,690	1,610	185	20,230
1826	2,425	8,410	3,920	1,305	175	16,236
1827	7,310	7,000	2,750	870	55	17,985
1828	8,585	7,700	2,805	3,900	380	23,370
1829	4,200	10,310	6,335	1,515	1,155	23,515
1830	6,310	8,725	4,830	2,545	45	22,455
1831	6,600	7,540	5,055	2,560	280	22,035
1832	4,785	6,570	8,360	1,955	45	21,715
1833	6,350	10,095	5,065	1,500	35	23,046

Il faut remarquer que les balles d'Italie, avant 1830, étaient d'un poids moindre que depuis cette époque.

J'ai cependant pris un poids moyen pour ces neuf années, soit 200 livres, poids anglais.

Les balles du Bengale pèsent généralement de 130 à 140 livres anglaises.

Les balles de Chine, de Brousse et de Perse, de 80 à 110 livres environ.

Pour avoir la quantité des soies de toute espèce consommées annuellement en Angleterre, il faut encore ajouter au tableau :

Environ 1000 balles par an de bourres de soie et de frisons, ou . . . . 100,000 livres.

En soies ouvrées, trame et

organsin, environ . . . . . 400,000 livres.

En ne prenant que l'importation des soies qui figurent au tableau, on trouve que l'avérage de la consommation des grèges en Angleterre, dans les 9 dernières années, a été,

En soies Italie, 6,341 b. qui a 200 l. ch. font 1,268,200 l.
id. de Bengale, 8,066 id. 140 id. 1,129,240
id. de Chine, 4,534 id. 100 id. 453,400
id. de Brousse, 1,973 id. 100 id. 197,300
id. de Perse, 0,261 id. 100 id. 026,100

Et la moyenne annuelle de toutes les soies, 21,175 balles, ou . . 3,074,240 l.
En y ajoutant 1000 balles de 100 l. de bourres de soie 100,000
et en soies ouvrées, organsin ou trame. 400,000
On trouve une moyenne de . . . . 3,574,240 l.

Or, en 1823, l'année des plus fortes importations, avant le changement de système, il est entré en soies grèges et ouvrées, bourres de soie etc., etc., seulement 2,432,286 l. et en portant la moyenne des 10 années qui ont précédé le changement à 400,000 l. les soies ouvrées ne s'élèvent pas à 2,000,000.

Il y a plus des 19/20 de nos fabricans qui ne connaissent que de nom les soies de Bengale et de Chine, dont les fabricans anglais emploient annuellement, ainsi qu'on vient de le voir, 8,066 balles, et 4,534 balles, en tout 12,600 balles, et dont ils tirent un si grand parti dans la fabrication de beaucoup d'articles, et particulièrement des *foulards*, des mouchoirs, des *crêpes*, des gilets, des articles mélangés de coton ou de laine, etc., etc.

Mais nous ne devons ni nous étonner ni nous décourager pour cela — Quoique jeune encore, je me souviens du tems où, pour avoir publié qu'il existait en Suisse des fabriques de soieries qui faisaient mieux que Lyon les articles légers, et que leur concurrence était redoutable, on m'accusa d'ignorance et *d'impatriotisme.* — On ne voulait pas croire qu'il fut possible de passer la navette et surtout de *teindre*, ailleurs qu'à Lyon. Je me souviens aussi qu'en 1828, un article inséré dans le *Précurseur*, en faveur de la libre sortie des soies de France, comme conséquence de la libre entrée des soies étrangères, m'attira des reproches qui, à la vérité, me touchèrent peu, et entr'autres, celui de vouloir ruiner l'industrie lyonnaise, qui ne pouvait, criait-on de toute part, subsister sans le monopole des soies de pays.

Aujourd'hui, les soies de France sont rares et chères, non parce qu'elles peuvent sortir, mais parce que la récolte a manqué. — Il en résulte qu'on emploie des soies d'Italie, et qu'on se repent de ne l'avoir pas fait plutôt.

Peut-être arriverons-nous à l'emploi des soies de l'Inde, lorsqu'une année de mauvaise récolte générale nous y obligera.

La force majeure est, pour nous, l'agent le plus efficace de progrès.

Il est vrai que les soies de Bengale ont présenté à l'ouvraison des inconvéniens qui ont pu en gêner l'emploi ; mais les mouliniers français sont bien aussi habiles que les mouliniers anglais ; et lorsque les quantités paieront leurs frais, ils sauront vaincre les difficultés qui, ainsi qu'on va le voir, sont insignifiantes.

Ce qui distingue les soies de Bengale de celles de France, d'Italie et même de Chine, c'est qu'elles ne peuvent être ouvrées sans avoir été savonnées bien à fond.

Cette opération est nécessitée 1° parce que cette soie contient une forte proportion de gomme naturelle ; 2° par suite de la disposition du fil à s'ouvrir, à se séparer en fils du cocon. Les inconvéniens de cette disposition sont un fil lâche, ouvert, laineux qui rend l'opération de l'ouvraison pénible et onéreuse par le déchet.

On remédie à ces inconvéniens par l'emploi du savon qui amollit la gomme, serre les pores du fil et lui rend une apparence unie.

Avant de dévider la soie, le moulinier la divise en petites flottes qu'il trempe dans de l'eau de savon tiède, ayant soin de la faire plus ou moins forte selon la qualité de la soie.

Les mouliniers anglais considèrent le savon français comme le meilleur de tous pour cette opération.

Les soies de Chine ne présentent pas les mêmes

inconvéniens, et leur emploi est aussi facile que celui de nos soies.

Il est curieux d'observer combien, dans une vieille industrie surtout, la force de l'habitude est puissante. Il y a tout au plus un siècle que les fabricans de Lyon employaient presqu'exclusivement les soies de Chine et des Indes, celles de France et d'Italie étant considérées comme trop inférieures.

Je terminerai ces considérations générales sur les soies par quelques renseignemens statistiques sur l'industrie du moulinage en Angleterre, que je dois aussi à l'obligeance de M. J. R. Porter.

Il existe des moulins dans beaucoup de comtés, mais les plus importans sont, je crois, à Congleton, à Macclesfield et à Manchester. — Ceux de Manchester, que j'ai visités, sont dans un mouvement ascendant ; je ne sais si on peut en dire autant de ceux de Congleton et de Macclesfield, qui sont cependant de plus ancienne création.

De 1819 à 1832, on a monté à Manchester douze établissemens de moulinage qui, entre eux tous, emploient une force égale à 342 chevaux — On évalue le produit et la force représentative d'un cheval, à un produit de 40 livres par semaine d'organsin ou de trame, ce qui, pour les 12 moulins, fait par semaine, 13,580 livres, et par an 711,360 l. Chaque force de cheval emploie environ 18 personnes, ce qui ferait 6,156 ouvriers. — La consommation quotidienne de charbon est évaluée à 75 k° par cheval, ce qui fait par jour 25,650 k., et par an, en ne comptant que 300 jours , 7,695,000 k. On calcule la valeur de ces moulins, bâtimens, métiers, machines, à raison de 550 l. par cheval , ce qui la porte à 188,100 l. ou 4,702,500 fr.

En 1823, il n'existait encore, dans tous les moulins de Manchester , que 1700 douzaines de bobines. — En 1833 il en existait au moins 7000.

1000 douz. de bobines produisent journellement 100 liv. de soie, 2/3 trames, 1/3 organsin , dont l'avérage de finesse est de 26 à 28 deniers. — Les 700 douzaines , font donc 7000 livres de soie par jour, et par an (à 300 jours) , 2,100,000 livres.

Salaire des ouvriers employés dans ces moulins , en 1831.

Devideuses de l'âge de 9 à 14 ans, de 2f. à 6f. 50 p. se.
nettoyeurs, (*cleaners*) garç. ou filles 2   6 , 50 id.
fileurs , garçons de 10 à 15 ans,   3, 25 5, 60 id.
doubleuses , filles de 12 à 20 ans   5, 00 7, 50 id.
mouliniers, (*throwsters*) garç. de

12 à 16 ans , ... 4, 25 9, 00 id.
devideuses, (*reelers*) filles de 15 à 20,5, 00 8, 25 id.
hommes qui font les paquets,

(*stoffmen*), ... » 25 » id.
surveillans ou contre-maîtres   » 25 » id.

Pour les femmes et les filles , la semaine se compose de 63 heures 1/2 de travail.

Et pour les hommes et les garçons de 68 1/2.

LAINES.

Jusqu'en 1802, l'importation des laines étrangères, dans la Grande-Bretagne, était entièrement libre; mais, à cette époque, elle fut soumise à un
droit de 6 f. 60 par quintal; droit qui, en 1813,
fut élevé à 8 f. 30, et, en 1819, au taux énorme de
70 fr.

Lorsqu'en 1825, M. Huskisson voulut délivrer
l'industrie des entraves nombreuses qui l'arrêtaient,
il provoqua une enquête sur la question des laines,
et comme il fut prouvé que les droits imposés successivement sur cette matière nuisaient aux manufactures, sans servir à l'agriculture, ils furent, sans
hésitation, réduits de 70 fr. à 10 fr. le quintal, sur
la laine d'une qualité au-dessus de 125 fr. le quintal, et à 5 fr. sur celle d'une moindre valeur.

En France, l'enquête sur la même question a
produit les mêmes preuves; mais il s'en faut qu'elle
ait amené le même résultat.

M. Duchatel ne s'est pas montré aussi logique ni
aussi fort que M. Huskisson. Dans l'exposé des
motifs de son ordonnance du 8 juillet, sur les laines,
il dit bien que « le *droit n'a pas profité aux intérêts de l'agriculture, et qu'il est demeuré étranger aux prix des laines, dont la valeur a augmenté ou diminué, par des causes indépendantes
du tarif d'entrée.* » Mais, après avoir reconnu le
droit inutile et partant nuisible, il le porte à 20
pour cent de la valeur.

Dans cette diminution de droits, que l'on peut appeler un changement de système, les manufactures de draps et de lainages, en Angleterre, ont pris un développement extraordinaire dont on peut juger l'importance par l'accroissement de l'importation des laines, dont l'arrivage annuel, avant 1800, ne dépassait guère 3,000,000, tandis que, depuis quelques années, elle varie de 25 à 32,000,000, ce qui n'a pas empêché la production de la laine indigène d'augmenter d'un cinquième.

L'exposition des produits anglais, mélange-soie et laine, ne donne qu'une très-faible idée de l'immense parti que tirent les fabricans anglais de cette matière.

On évalue à environ 500,000 le nombre des personnes employées par l'industrie manufacturière du lainage, et à près de 130,000,000 de francs, les exportations annuelles de ses produits.

L'exportation des laines anglaises était encore sévèrement prohibée en 1825, et ce fut aussi M. Huskisson qui délivra l'industrie agricole de cette misérable entrave.

En 1830, l'exportation des laines brutes s'est élevée à 2,951,100 liv. et celle des laines filées à 1,108,023 liv. dont les 9[10es sont entrés en France, malgré la prohibition qui les frappe.

COTON.

Tout est dit sur les miracles de l'industrie cotonnière en Angleterre, et je ne m'y arrêterai un moment que pour combattre une assertion des parti-
sans du système prohibitif, qui prétendent qu'elle
doit ses succès à la protection dont elle a si long-
temps joui.

On ne connaît pas l'époque précise de l'introduction de cette industrie, originaire de l'Inde, en Angleterre ; mais on suppose qu'elle date des premières années du 17e siècle, et l'on sait que Manchester fut son berceau.

En interrogeant les archives, j'ai trouvé, ainsi
qu'on le verra au chapitre *Lyon*, qu'au 16e siècle,
il existait déjà dans cette ville, beaucoup de métiers, tissant des siamoises et du bazin, dont la
chaîne était en fil de chanvre ou de lin, et la trame
en coton importé des Indes.

Néanmoins en France, la Normandie, et particulièrement Rouen, semblent avoir été le berceau de
l'industrie cotonnière, et son importation y date du
17e siècle.

Il paraît que ce fut aussi vers la même époque que
l'on commença à filer et tisser le coton dans d'autres
provinces de France, et dans la Flandre. — En ce
temps-là, la France était plus avancée que l'Angleterre dans les manufactures; mais sa politique commerciale n'était guère plus éclairée, et la *protection*

n'a certainement pas plus manqué au coton chez nous qu'en Angleterre.

Malgré cette protection, l'industrie cotonnière a végété en Angleterre pendant 150 ans, comme elle a végété dans toute l'Europe, et comme elle végéterait encore partout, sans les inventions d'Hargraves, d'Arkwright, de Crompton et de Cartwright.

A côté d'elle, l'industrie de la soie, son aînée de plus d'un siècle, a joui de toutes les protections et prohibitions possibles, et cependant elle s'est traînée misérablement jusqu'au moment où M. Huskisson a coupé *quelques-unes* des nombreuses lisières qui, pour l'empêcher de tomber, l'avaient empêchée de marcher.

Jusqu'en 1760 environ, les tisserands *calicotiers*, dispersés dans les campagnes, achetaient la chaîne et la trame, tissaient leurs pièces et l'allaient vendre au marché, comme cela se pratique encore en Bretagne pour les toiles, et en Picardie pour la batiste et quelques lainages, et, on me l'assure, en Normandie même, pour les cotonnades.

Vers 1760, les marchands de Manchester, commençaient à envoyer dans les campagnes des agens ou contre-maîtres qui fournirent aux tisserands (1) le lin filé, étranger ou irlandais, pour la chaîne, et le coton ou laine qu'on cardait et filait dans la famille, et qui servait ensuite pour trame.

(1) A cette époque la chaîne des articles de coton était toujours en fil de lin.

Ce système était certainement un grand progrès ;
car il délivrait l'ouvrier du souci de l'achat des matières et de la vente de l'étoffe ; mais il ne permettait
pas l'établissement de la division du travail qui, plus
tard, a fait la puissance de cette industrie.

En 1767, James Hargraves, un charpentier du
Lancashire, inventa la *Jenny* (*the spinning Jenny*) ;
et peu de temps après, sir Richard Arkwright
agrandit et completa le principe d'Hargraves en
inventant la fameuse *spinning frame*.

De l'invention de ces machines date le passage du
travail en famille au travail en ateliers, et aussi
l'essor de l'industrie cotonnière.

Richard Arkwright obtint une patente ou brevet
d'invention pour sa machine, et ce ne fut guère qu'à
l'expiration de ce brevet, en 1785, que de nouvelles
inventions enrichirent et développèrent encore cette
industrie.

Parmi les plus essentielles, il faut placer la
mull-jenny de M. Crompton, qui résuma et réunit,
en les perfectionnant, les machines d'Hargraves et
d'Arkwright, et le métier mécanique (*power-loom*)
de Cartwright.

Les enquêtes les plus scrupuleuses ont été faites
pour éclairer la marche de cette industrie et constater son état positif ; malheureusement il existe une
grande lacune dans les relevés des documens de 1720
à 1770.

L'avérage de l'importation annuelle du coton en
laine, pour la consommation intérieure, s'élève pour

les 5 dernières années de 1700à1705à   1,170,881 f.

En 1782, après les inventions d'Hargraves et d'Arkwright, elle monta à   11,400,000

De 1789 à 1896 (application de la
mull-jenny) à 32,200,000

En 1815 (de 1815 à 1825 application générale de métiers mus par la
vapeur) à 85,800,000

En 1825, à 169,265,000

En 1830, à 242,000,000

En 1760, la valeur de tous les articles coton manufacturés en Angleterre était de   5,000,000 f.

En 1824, M. Huskisson disait au
parlement qu'il avait lieu de la croire
de 837,500,000

En 1830, on l'évaluait à plus de
36,000,000 liv. ou 900,000,000

On porte généralement à près d'un million le
nombre des agens de cette industrie, et à 50 millions
ster. ou *un milliard quatre cent millions* de francs,
le capitale engagé.

On peut aussi, par l'accroissement de la population de quelques ville du *Lancashire*, berceau de
cette industrie, apprécier ses étonnans progrès :

En 1774, Manchester avait . 41,000 habitans,
et en 1831 (en 57 ans) . . . 187,000

En 1801, Blackburn avait . 11,900
et en 1831 27,000

En 1800, Bolton avait . . 17,400
et en 1831 41,000

« Mais les progrès de Liverpool, l'entrepôt général des cotons en laine et aussi des cotons filés de ces provinces, sont encore plus extraordinaires. En 1700, sa population n'était que de 5,145 ames ; en 1770, elle était de 34,000; en 1801, de 79,653; en 1821, de 118,972, et en 1831, de 165,175 habitans.

LYON.

Son passé.

Je ne voulais parler que des fabriques étrangères ; mais après avoir examiné leur position, j'éprouve le besoin de dire aussi quelques mots sur Lyon, son passé, son présent et son avenir.

J'ai même, un moment, nourri la pensée de placer ici l'histoire complète de sa principale industrie. Mes recherches dans nos bibliothèques et nos archives, où le classement des faits statistiques n'est encore qu'ébauché, me décident à n'en tracer qu'un simple résumé.

Il n'est pas en Europe de situation plus naturellement commerciale que celle de Lyon ; et l'on comprend, que dès qu'il a existé des hommes dans ce pays, ils ont dû la choisir d'abord pour s'y donner rendez-vous, afin d'échanger les produits de leurs grossiers travaux, et plus tard, pour s'y établir et commercer.

Aussi, bien avant l'alliance avec Rome, Lyon

et ses habitans étaient déjà célèbres dans les Gaules par leur commerce. Cette alliance augmenta beaucoup l'importance de la ville de Lyon, et, pendant long-temps, elle fut le marché le plus considérable et le plus fameux de l'empire romain.

La chute de Rome, entraîna aussi la chute du commerce de Lyon ; mais les avantages de la position l'y rappelèrent bientôt, et ce furent les Italiens qui, étant, à cette époque, les plus habiles commerçans du monde, le rétablirent.

Comme ils avaient obtenu de grands priviléges, le commerce et l'industrie de Lyon, restèrent long-temps dans leurs mains, et ils devinrent, pour ainsi dire, maîtres de la ville, où ils étaient cantonnés par nation : les Florentins, les Génois, les Piémontais qui, tous, avaient des priviléges particuliers. Peu-à-peu les Suisses et les Allemands s'introduisirent à côté des Italiens, leur firent concurrence et devinrent presque aussi puissans qu'eux.

A la fin, les Lyonnais, instruits par ces divers étrangers, furent assez forts pour se passer d'eux ; et tous les priviléges qu'on leur avait accordés, leur furent successivement retirés.

Les Italiens ne relevèrent pas seulement le commerce de Lyon, ils fondèrent son industrie.

A côté de celle de la soie, bien d'autres ont fleuri, qui peu-à-peu se sont éteintes ; et parmi elles je citerai la chapellerie, l'une des plus importantes et des plus anciennes ; elle doit son déclin à l'établissement de manufactures de chapeaux dans toutes les villes considérables de l'Europe et de l'Amérique.

La fabrique de dorures, autrefois si puissante, qui a perdu, par le changement des modes, une grande partie de la consommation intérieure, et par l'altération des titres, le débouché si considérable du Levant.

L'industrie *cotonnière* qui, avant que l'Angleterre y pensât, occupait à Lyon jusqu'à 2,000 métiers, qui produisaient pour plus d'un million de livres tournois en futaines et en basins, dont la chaîne était en lin ou en chanvre et la trame en coton. Voici comment M. d'Herbigny, intendant de la généralité de Lyon, qui écrivait en 1698, explique sa chute :

« Le premier inconvénient qui a mis cette fabrique si bas, est l'augmentation de 20 livres tournois sur l'entrée du coton filé, dont cette fabrique ne peut se passer ; l'autre est la charté des denrées dans Lyon, principalement du vin.... Il s'est établi de ces manufactures en Flandres, à Marseille et autres lieux où elles peuvent mieux se soutenir, *parce que les droits n'y sont pas, à beaucoup près, aussi gros qu'à Lyon.* »

La librairie, pour l'exportation, était aussi, jadis, l'une des principales branches de l'industrie de Lyon ; et M. d'Herbigny attribue aussi sa chute aux douanes. En ce temps-là, qui n'est pas bien loin de nous, chaque province avait les siennes, et, chose qui nous étonne aujourd'hui, bien des gens croyaient, longtemps même après leur abolition, que la France ne

pourrait exister sans elles. — Il ne faut donc pas désespérer de la voir un jour disparaître du monde
civilisé.

« Les livres qui s'impriment pour l'Espagne et
les Indes espagnoles, dit M. d'Herbigny, ne sont
guères propres que pour ces pays, et le bon marché
en fait presque tout le mérite ; pour cette raison, il
faut bien se garder, dans les impressions, de s'atta-
cher à la beauté, soit du caractère, soit du papier ;
c'est en quoi la librairie de Lyon souffre, parce que,
payant la douane et tous les droits des matières
qu'elle emploie, et les matières les moins utiles et
de moindre valeur, payant autant que les bonnes,
les libraires de Lyon ne peuvent plus faire aux Es-
pagnols le bon marché qu'ils demandent, et qu'ils
trouvent chez les Vénitiens et les Génois, lesquels,
depuis 40 à 50 ans, font une bonne partie de ce que
les Lyonnais y faisaient. »

Depuis M. d'Herbigny, les mêmes causes ont souvent produit, et produisent encore, chaque jour, les
mêmes effets ; car, sauf l'abolition des douanes intérieures, en 89, nous n'avons pas fait, en politique
commerciale, un seul pas en avant ; je me trompe,
nous avons, depuis peu, reconnu nos erreurs, et
nous osons proclamer enfin l'intention de les ré-
parer ; c'est beaucoup, c'est un grand pas qui peut
mener loin....

Il faut que notre sol convienne bien à l'industrie
de la soie, et quelle y ait poussé de bien profondes
racines ; car, depuis sa création, bien des crises ter-

tibles l'ont ébranlée , qui semblaient devoir l'a-
néantir.

Les plus fortes, furent bien certainement celles
qui suivirent la révocation de l'édit de Nantes, et le
siége de Lyon. M. d'Herbigny, qui évite autant que
possible de parler de la révocation , ne peut cependant s'empêcher de lui attribuer , *en partie* , la détresse de l'industrie.

Quoique, dans un autre chapitre, j'aie déjà parlé
des conséquences de cet acte extraordinaire ; je ne
puis résister au désir de citer, à ce sujet, un passage
d'un ouvrage très-utile et fort remarquable, que publie M. Stéphane Flachat (l'Industrie). « Après la
mort de Colbert , le mouvement industriel et commercial de la France s'arrêta ; la révocation de
l'édit de Nantes , porta à notre industrie un coup
dont les conséquences sont incalculables. *L'esprit
d'invention naît toujours de l'esprit d'examen.* Une
partie de nos plus habiles manufacturiers étaient
protestans. Ils durent émigrer, et emportèrent hors
du sol natal , plus que des capitaux , le talent et
l'expérience qui savaient les mettre en œuvre. De
combien de richesses cette fatale mesure n'a-t-elle
pas privé la France ! combien de débouchés lui a-
t-elle fermés ! »

Les funestes conséquences du siége sont connues
de tout le monde , et cependant, je pense que mes
lecteurs me sauront gré de citer à ce sujet, quelques
passages d'un rapport fait en novembre 1794, au
comité de *salut public*, par le représentant *Van-*

dermonde, qui avait été envoyé pour constater l'état de notre malheureuse ville, qu'on appelait alors *Commune affranchie*.

DE L'ÉTAT DE LYON

Avant la révolution.

« Selon les informations qu'on s'est procurées, la population de Lyon, qui est réduite aujourd'hui à 95 mille ames, se montait encore à 145 en 1791.

« La répartition des divers emplois relatifs aux fabriques et au commerce, dans cette commune, peut se rapporter à sept classes principales, dont les travaux influaient directement sur les objets d'exportation. Nous commençons par les désigner, et nous les comparerons ensuite.

ARTICLE PREMIER.

Les soieries.

« Elles employaient 18 mille métiers, tant pour l'uni, que pour le façonné des différens genres. Ils consommaient annuellement 10 à 12 mille quintaux de soie, dont un tiers en soie de pays. Le façonné, que les effets de la guerre et de la révolution ont entièrement détruit, tombait peu à peu, et était remplacé par l'uni. Une suite de fautes du gouvernement en était cause. Cependant, à l'époque dont nous parlons, on peut estimer que le *façonné en tout genre*, occupait le tiers des métiers.

Commerce d'entrepôt et d'objets divers qui en étaient la suite.

« Les soieries de Lyon avaient contribué, avec sa position, à en faire une ville d'entrepôt.

« Quand les négocians sont forcés de s'adresser dans une ville pour un article capital, ils y prennent volontiers; pour compléter leurs chargemens, d'autres articles sur lesquels les avantages qu'ils pourraient trouver ailleurs, ne compenseraient pas les frais à faire pour les y aller chercher. Il s'y établit alors des commerçans, qui tiennent de gros magasins de ces articles. Ce sont d'utiles intermédiaires entre les fabricans et les détailleurs épars au dehors. Ces fabricans y trouvent un débouché de tout, et ils en sont moins dépendans du casuel des commandes.

« Les magasiniers achètent jusqu'à des marchandises qui n'ont pas reçu toutes leurs façons, et ils y font donner celles qui leur manquent; cela introduit plusieurs branches d'industrie dans la ville d'entrepôt.

« Enfin, l'avantage que trouvent des fabricans épars, dans ces facilités, en détermine quelques uns à se transplanter avec leurs ouvriers, dans la ville même, lorsque cela est possible.

« Tout cela est arrivé à Lyon. Les articles principaux du commerce d'entrepôt y sont : la draperie,
les toileries, l'épicerie et la librairie.

« On y apprêtait plusieurs espèces de lainages, on
y blanchissait des toiles, on y fabriquait du cho-
colat, on y imprimait des livres; enfin, il s'y était
formé une multitude d'ateliers de différens arts, qui
n'y pouvaient faire sensation que par leur réunion.

« L'avantage de la position de Lyon est si grand,
qu'on ne peut pas douter que le commerce *d'en-*
trepôt ne s'y rétablisse de lui-même.

ARTICLE TROISIÈME.

Filets d'or, galons, passementeries.

Cette branche tombait insensiblement depuis long-
temps à Lyon. Il n'en faut point chercher d'autres
raisons, que l'infidélité sur le titre des matières.
Une négligence coupable, entretenue par des idées
fausses de liberté de commerce, avait empêché de
la réprimer efficacement.

« Le débit était assuré dans le Levant ; c'était une
énorme faute d'y ébranler la confiance. Nous l'avons
faite sur plusieurs articles, et les Anglais en ont
profité.

ARTICLE QUATRIÈME.

Chapellerie.

« C'est le genre de fabrique le plus anciennement
connu à Lyon. Il s'était parfaitement soutenu jusqu'au moment de la révolution ; mais il n'en est
point à qui elle ait été plus funeste. Plus des trois
quarts des maîtres sont tombés sous le glaive de
la loi ; et quant aux compagnons , ils sont réduits
aux deux cinquièmes environ ; beaucoup ont péri, le
reste a pris la fuite. Il est remarquable que la ces-
sion du Canada , n'avait pas nui à ce commerce. Les
Lyonnais achetaient le castor des Anglais , et ils n'en
avaient pas moins conservé la supériorité sur ceux-
ci, pour les chapeaux.

« Il se faisait à Lyon, et dans les environs, 8 à 10
mille chapeaux par jour , dont un tiers dans le beau ,
moitié dans le médiocre , et à peine un sixième *dans
le commun.*

ARTICLE CINQUIÈME.

Bonneterie.

« Cet article prenait de l'extension, mais beaucoup de métiers ont été détruits dans le siège ;
beaucoup d'ouvriers se sont enfuis , ou sont entrés
dans les bataillons.

« Parmi ceux qui ont été condamnés , il y en a
un entr'autres , nommé *Sarrasin* , homme très-in-

7

génieux et très-adroit, qu'on ne peut s'empêcher de
regretter ; il avait introduit, à Lyon, les bas à
mailles fixes, dont le débit à l'étranger serait encore très-assuré, et le tricot sur chaine. Il n'y a personne à Lyon, qui puisse le remplacer, au dire de
ses compagnons.

ARTICLE SIXIÈME.

Fleurs à broderies.

« Lyon avait, depuis long - temps, de la célé-
brité pour les fleurs artificielles. On y recherchait
encore le beau en ce genre. Sur le médiocre et le
commun, Paris avait pris de la supériorité. Quant
aux broderies, elles prenaient un grand essor, et
elles auraient pu former une branche très-impor-
tante.

« La révolution et la guerre l'ont paralysée ; mais
on peut lui rendre le mouvement.

ARTICLE SEPTIÈME.

Quincaillerie.

« Sous cet article est comprise la poterie d'étain,
qui était l'article principal d'exportation. Il est remarquable que les Anglais, qui fournissaient l'étain,
n'eussent pas obtenu la préférence pour l'étain ou-
vré. Il s'exportait encore quelques boutons de goût,
en nacre ou autre matière ; quant aux boutons

étampés, et autres articles qui exigent des machines , la supériorité restait aux Anglais ; ce n'était que depuis peu, que des ouvriers , formés par des Anglais , à la Charité-sur-Loire, avaient entrepris de la leur disputer. Un artiste nommé Noulin, venait de monter une usine sur le Rhône , pour faire des chapes de boucles ; il a été condamné , et l'entreprise a échoué. Plusieurs autres, avant la révolution, avaient cherché à introduire à Lyon, le *doublé*, dont l'invention, en Angleterre , avait fait tomber nos articles de dorure sur métaux ; mais ils n'avaient pas été soutenus efficacement.

« Les différentes branches que nous venons de parcourir, occupaient à peu près le tiers de la population de Lyon ; et les trois quarts de la valeur totale de leurs objets, étaient payés par les étrangers qui les consommaient. Les renseignemens qui ont été fournis , autorisent à porter à 120 millions, la valeur des articles exportés. — Ainsi , Lyon se trouvait pour un quart à peu près, dans la masse des exportations de la France en objets d'industrie.

Distribution de la valeur totale de ses exportations.

Soieries. 1/2
Objets d'entrepôt. 1/4
Filets d'or, galons, passementerie. . 1/10
Chapellerie. 1/12
Bonneterie. 1/40
Fleurs et broderie. 1/40
Quincaillerie 1/60

TOTAL. . I

Distribution des objets exportés de Lyon, en différentes contrées.

Haute-Allemagne, Nord, Russie surtout. 1/3
Par mer, au Levant, et aux deux Indes. 1/4
Espagne. 1/6
Pays Bas, Hollande. 1/6
Italie en général. 1/12

TOTAL. . 1

« Nous allons maintenant examiner, en peu de mots, les raisons de la décadence des fabriques de Lyon. Il en est d'antérieures à la révolution, et qui ont agi par degrés : 1° c'est surtout l'insuffisance de la protection du gouvernement au dedans et au dehors. 2° L'appat offert à la cupidité par l'introduction de l'agiotage. 3° **L'inobservation des réglemens**, article sur lequel il est d'autant plus important d'insister , qu'il règne encore beaucoup de fausses idées sur cette matière.

« Quant aux raisons qui se rapportent à la révolution , ce sont : 1° Les erreurs sur les assignats ; 2° les effets de la guerre générale ; ceux du siége de Lyon ; 4° l'incohérence dans la fixation du *maximum ;* 5° enfin , l'abus des réquisitions. »

A côté de ce rapport tout commercial , il en existe un autre presque tout politique , adressé le 4 prairial an 2 , au comité du salut public , par les représentans REVERCHON et DUPUY (1).

Je n'en citerai que quelques passages qui donneront une idée des principes d'économie politique de l'époque.

CITOYENS COLLÉGUES,

« A notre arrivée à *commune affranchie ,* nous nous sommes entourés de patriotes dignes , par leurs principes et leur probité , de l'honorable qualification d'amis de *Châlier* et de *Gaillard ,* et nous avons examiné avec eux la situation morale , politique et commerciale de cette commune. »

« Nous vous soumettrons ensuite nos vues pour démocratiser le commerce de cette commune ; il peut

(1) L'archiviste actuel de la ville, M. Godemard, a fait imprimer, à ses frais , cette pièce vraiment curieuse , et c'est à son obligeance que j'en dois la connaissance.

se relever et devenir encore d'un grand poids dans
la balance générale de nos échanges avec l'étranger ;
mais il est nécessaire de le faire marcher dans cette
direction : car, en l'abandonnant à lui-même, il
tournerait vers l'aristocratie ; et, tôt ou tard, force-
rait de nouveau la république à le punir et à l'a-
néantir absolument. »

« L'art de fabriquer à Lyon les étoffes de soie,
fut apporté d'Italie ; ses eaux, particulièrement propres à la beauté des teintures, contribuèrent beaucoup à la prospérité de cette branche utile du commerce. »

« L'Europe entière jalousa les fabriques de Lyon ;
les *tyrans* d'Espagne, d'Autriche, de Prusse et de
Russie firent d'immenses sacrifices pour les transporter chez eux ; mais soit que les *eaux* pour les
teintures, soit que le *naturel de leurs esclaves*, ou
le *climat*, fussent peu favorables à ce genre d'industrie, il est certain que tous leurs efforts ont été
inutiles, et leurs dépenses en pure perte. Londres
est à peu près la seule ville qui ait obtenu quelques
succès. »

« Au moment de notre arrivée, un tribunal vi-
gilant avait porté ses regards sur tous les asiles,
lancé la mort sur les traîtres et protégé l'innocence ;
mais au milieu de cette *épuration* nécessaire et de la
séquestration de *presque tous les magasins* et
grandes fabriques, il n'a pu exister ni manufactures, ni commerce ; d'ailleurs, l'interruption absolue
de tous les paiemens, a dû engourdir l'industrie, et

donner une force nouvelle à l'existence sociale des citoyens. »

« Les démolitions ordonnées par la loi ont, pendant quelque temps, procuré du travail à une foule d'ouvriers de tout âge et des deux sexes, entièrement dénués de ressources : mais s'il est satisfaisant de voir ces bras, jadis artisans de la fortune des riches, abattre aujourd'hui leurs palais, l'on ne peut s'empêcher de gémir sur les désordres et l'immoralité qui résultent de ce mélange des sexes, et sur la difficulté de ramener ces ouvriers à des travaux qui doivent encore féconder l'industrie et le commerce. »

« L'opinion de transporter ailleurs le commerce et les manufactures de *Commune-affranchie*, a été une suite juste et naturelle de l'indignation qu'a dû inspirer son infâme rebellion ; mais aujourd'hui la justice nationale est satisfaite, les traîtres ont porté leurs têtes sur l'échafaud, et ceux qui ont échappé ne peuvent que retarder le moment qui les y conduit. La république ne veut pas confondre ces hommes pervers et affreux, avec une masse importante de sa population qui lui tend les bras. »

« Que l'on fasse attention que la nature a, elle-même, placé *Commune-affranchie* comme le point commercial entre le Nord et le Midi, au confluent de deux rivières navigables, dont les eaux précieuses donnent les plus belles teintures de l'Europe ; environnée de départemens fertiles, couverts de mûriers, elle est destinée aux manufactures, et à marquer dans les relations commerciales de la république. »

« Ne nous dissimulons point que *Pitt* n'ignorait pas combien le peuple dégradé qu'il gouverne, serait flatté de la destruction d'une ville, dont Londres s'efforçait vainement d'égaler l'industrie. »

« La réorganisation du commerce est ici commandée par des circonstances impérieuses. »

« Près de dix-huit mille ouvriers sans travail, ou sans autre travail que des démolitions. Trois ou quatre cent mille livres de dépense par décade : il faut que la dépense cesse, le trésor public ne peut long-temps fournir; il est de nécessité que les ouvriers rentrent dans leurs ateliers. »

« Le mode d'exécution repose tout entier sur ce principe que, pour républicaniser le commerce, il ne s'agit que d'en diviser les moyens, d'assujétir l'émulation même à un *maximum*, et de l'arrêter là où commence l'esprit de cupidité et d'envahissement. »

« Pourquoi n'appliquerions-nous pas aux fabriques de soie, en faveur des *Sans-Culottes*, les mêmes dispositions qu'aux propriétés? Car, sans doute, il faut qu'elles aient leur *maximum*, et déjà il est, en partie, décrété dans le code civil. »

« D'après notre plan, *Commune-affranchie* se verra encore délivrée de ces funestes sangsues de l'industrie, des commissionnaires et des marchands de soies; il n'y aura plus de grands capitaux dans les mains de personne ; ainsi, plus d'agiotage et d'accaparemens; le fabricant achètera directement ses soies de celui qui les récolte, et les revendra do même. »

« Nous sommes convaincus de cette vérité, que, pour republicaniser le commerce, il faudra toujours aboutir à ce résultat : multiplier les petits établissemens, déterminer le *nec plus ultrà* des produits, en bornant les moyens de les obtenir. »

« Citoyens collègues, voilà tout notre système : les petits établissemens et le *maximum*; avec la première mesure seule, on ne ferait que pallier le mal, et c'est pour la postérité que nous devons élever l'édifice de l'industrie républicaine. »

Ce rapport, qui tient 23 pages d'impression , est d'un bout à l'autre de la force et de la portée des citations que je viens d'en faire, et qui suffisent pour faire connaître l'état déplorable de notre malheureuse ville après le siège.

Mais , revenons à l'industrie de la soie.

Il paraît certain, qu'après avoir été introduite à Avignon et dans le comtat, au 14ᵉ siècle, par les papes, et près d'un siècle après, vers 1480, à Tours, par par Louis XI, qui avait fait venir des ouvriers d'Italie , cette industrie fut importée à Lyon sous François Iᵉʳ, au commencement du 16ᵉ siècle, par Alexandre Turquet (1) et J. F. Nariz , Florentins ou Lucquois selon quelques auteurs, Génois selon d'autres.

Elle dut acquérir en peu d'années une assez grande importance ; car en 1554 , Henri II fit des

(1) Quelques auteurs les nomment Etienne Turquet et Paul Noris.

réglemens, concernant la manufacture des soieries *de la ville et faubourgs* de Lyon. Henri IV en 1596, et Louis XIII en 1619 la confirmèrent ; mais en 1666, Colbert, qui affectionnait particulièrement Lyon, (1) refit entièrement ces réglemens, entra dans les plus minutieux détails, et donna à l'industrie lyonnaise un véritable code commercial, dont les fabricans lui avaient eux-mêmes indiqué les bases. Ce travail remarquable, forme bien certainement encore le traité de fabrication le plus complet qui existe de nos jours.

Comme jusqu'à l'abolition des maîtrises, ces réglemens n'ont cessé de régir nos manufactures de soieries, beaucoup d'écrivains ont souvent, par erreur, attribué à Colbert la fondation de notre industrie.

Tous les documens consultés tendent à prouver que, de 1600 jusqu'à 1686, époque de la révocation, le nombre des métiers s'était élevé de 6 à 9000, et même 12,000; plus tard, et, entre autres années, en 1699, il était au-dessous de 4000. D'après M. Roland de la Platière, inspecteur des manufactures, de 1750 environ jusqu'en 1786, il s'éleva

(1) Quelques biographes disent, que Colbert avait fait un apprentissage commercial à Lyon ; d'autres prétendent que ce fait s'applique à son père, qui avait travaillé dans la maison MASCRANNI. Quoiqu'il en soit, Colbert a été à portée d'avoir, sur l'industrie lyonnaise, des renseignemens exacts, et dont il profita, pour la rédaction de son beau réglement sur nos fabriques de soieries.

et se maintint à peu près à 12,000, variant cependant quelquefois de 2 à 3000, par suite de la *disette des soies*, des deuils trop prolongés, des guerres ruineuses, des changemens du goût et de la mode, etc. De 1786 à 1788, le nombre des métiers s'éleva, *momentanément*, de 15 à 18,000 ; c'était sans doute une des conséquences du traité de commerce de 1786. Par ce traité, l'Angleterre maintenait bien la prohibition des soieries françaises ; mais, comme beaucoup d'autres articles étaient admis, la contrebande dût devenir plus facile et plus considérable.

En 1789, — le nombre des métiers fut réduit à . . . .   7500.

De 1795 à 1800, — conséquence du siége et des guerres, il varia de . . .   2500 à   3500·

De 1801 à 1812, — beaux temps de l'Empire, il se releva sans presque jamais dépasser . . . . 11 à 12,000.

Mais, dès la paix de 1815, *l'échange* des produits avec tous les pays du monde étant devenu facile, l'impulsion donnée à la fabrication fut prodigieuse, et le nombre de nos métiers s'éleva bientôt à . . . . 20,000.

De 1820 à 1823, — il fut porté à . . 24,000· et de 1824 à 1825, époque des plus fortes expéditions pour l'Amérique, il dépassa   27,000, dont 18,000 dans la ville, et 9000 dans les faubourgs ou la *banlieue*.

Ce mouvement d'extension et d'activité, avait été

trop précipité pour pouvoir se soutenir ; une crise terrible aux États Unis, fut la conséquence des spéculations inconsidérées de 1823, 1824 et 1825, et par réaction, un calme long et profond désola notre industrie, et consomma les épargnes faites par nos ouvriers, pendant les bonnes années.

Lorsqu'en 1826, l'Angleterre leva les prohibitions, la fabrique de Lyon était dans l'état le plus déplorable. Zurich et Crefeld lui enlevaient l'uni léger, qu'on n'avait pas encore monté à la campagne ; et l'Allemagne et l'Amérique ne voulaient plus du façonné. La fabrication des mouchoirs de goût, qui avait pris dans les dernières années, un si grand développement, était complètement arrêtée, et des masses de ses produits existaient dans les magasins. Presque tous les métiers à la Jacquard étaient à bas, et je n'exagère pas en disant que de 27,000, le nombre total de nos métiers était réduit à moins de 15,000.

On comprend que, dans un pareil moment, le débouché de l'Angleterre apparut comme une providence.

Les conséquences immédiates de ce nouveau débouché, furent la vente de beaucoup de marchandises fabriquées, et la mise en activité d'un grand nombre de métiers. La somme des *importations directes et indirectes* des soieries de Lyon, de Saint-Etienne et Saint-Chamond, s'éleva, dès la première année, à plus de 25,000,000 de francs.

Mais ces observations sont presque du *présent*, et je suis loin d'avoir tout dit sur le *passé* de Lyon : J'y retourne donc.

Il n'existe point de recensement exact de la population de Lyon avant la révolution. M. d'Herbigny dit, (en 1698) que, dans les temps de prospérité, on avait compté plus de 90,000 ames ; mais, ajoute-t-il, « maintenant le nombre est diminué au moins de 20,000, tant à cause de la guerre, que de la mortalité des dernières années. »

M. Messance, receveur des tailles de l'élection de Saint-Etienne, dans un ouvrage imprimé en 1766, évalue la population, en basant ses calculs sur les naissances, à 116,836 ames, y compris les faubourgs. M. Necker en 1784, en prenant la même base, la porte à 160,000. Après le siége elle ne dépassait pas 100,000 ; et en 1797, l'auteur de la géographie élémentaire la porte à 102,167.

Le recensement de 1827 porte à 144,833 la population légale de Lyon, et celui du mois de mai 1832 à 133,715 pour la ville, et à 31,744 pour la Croix-Rousse, Vaise et la Guillotière. Voici l'opinion de M. d'Herbigny, sur l'esprit de la population de sa généralité, et de Lyon en particulier. (1698.)

« En général, le génie de ces peuples n'a point de caractère marqué, les qualités de l'esprit y étant modérées, les unes par les autres, avec un assez juste tempérament ; voici néanmoins les observations particulières qu'on en peut faire ; Lyon étant une ville toute marchande, l'esprit du marchand y règne, plein d'industrie, d'invention et de souplesse, avec beaucoup d'attachement à son intérêt, et beaucoup d'ordre et d'application aux affaires. »

« Par rapport au gouvernement , l'autorité souve-
raine est si bien reconnue dans tout le royaume ,
qu'il serait mal aisé de distinguer en quel lieu elle
est le mieux établie ; mais on peut dire, qu'il n'est pas
de grosse ville de la considération dont est Lyon ,
qui soit plus facile à gouverner , par deux raisons:
l'une , qu'il n'y a point de gens de justice ni de dis-
tinction , soit par leur naissance , soit par leur état ,
à oser rien entreprendre , l'autre , que les habitans
sont non seulement riches , mais qu'ils s'enrichissent
journellement; ainsi , ils seront toujours détenus par
leurs propres intérêts , et contiendront la multitude
infinie , qu'il y a dans Lyon , de petit peuple et d'artisans , qui ne subsistent que par le travail que leur
donne le marchand ; la seule cessation du travail,
jointe à une grande disette , est ce qui peut rendre
cette multitude facheuse. »

A l'époque où M. d'Herbigny écrivait , on por-
tait à 6000 balles de 160 livres chaque , poids de
marc , soit à 960,000 livres, la quantité des soies qui
entraient à Lyon , dans les années ordinaires ; dont
environ 1400 balles , venant du Levant , et principalement de la Perse , 1600 de la Sicile et du reste
de l'Italie , 1300 d'Espagne , et 200 des provinces de
Languedoc , Provence et Dauphiné. Mais sur ces
6000 balles , 3000 seulement se consommaient à
Lyon et dans le Forez , 1500 s'expédiaient à Tours ,
700 à Paris, 200 à Rouen, 200 en Picardie , et 400,
presque toute soie à coudre , se répandaient dans le
royaume.

Mais dans cette évaluation, les soies de Chine et de Bengale, qu'importait la compagnie des Indes, et qui étaient d'un grand emploi dans plusieurs genres de manufactures, sont totalement oubliées. L'oubli est évident, car à cette époque, on évaluait à 2000 balles, la consommation de 6000 métiers; et nous avons vu, qu'avant la révocation de l'édit de Nantes, il en avait existé jusqu'à 12,000 à Lyon, sans comprendre le Forez.

Roland de la Platière, en 1788, qui, par sa position, pouvait consulter les registres des douanes et les archives de toutes les administrations, évalue à 1,300,000 livres, poids de marc, les soies d'Italie, du Levant, de la Perse, des Indes, de la Chine, etc, introduites annuellement en France, et, à la même quantité, les soies récoltées dans le royaume ; ce qui donne un total de 2,600,000 livres, pour l'alimentation de toutes les manufactures qui employaient cette matière en France.

Mais, ici encore, pour avoir la quantité des soies étrangères importées, il faudrait faire la part de la contrebande qui devait exister, puisqu'il existait des droits élevés sur les soies.

Le relevé des registres de la douane de Lyon présente, pour les 4 années 1775, 1776, 1777 et 1778, un total de 4,110,587 livres, poids de marc, ou, par an, 1,027,646 livres, qui ont acquitté les droits d'entrée, lesquels ont produit pour les 4 années, 2,668,086 livres 15 sous, et pour une année 667,021 livres 13 sous 6 deniers. Les choses ont bien changé depuis lors, et nous verrons, plus loin, que la consommation des soies a plus que doublé en France.

J'ai dit au sujet des matières premières en Angleterre, que nos fabricans ne connaissent pas l'emploi des soies des Indes, et que, cependant, il n'y a pas un siècle qu'elles étaient d'une grande importance pour nos manufactures. Voici quelques extraits d'un *mémoire* sur la soie de *Nankin*, adressé, en, 1781 au gouvernement, par les fabricans de gaze de Paris et de Lyon; j'ai trouvé ce mémoire ou plutôt cette pétition, dans les archives de la chambre de commerce, et je suis fâché que son étendue ne me permette pas de le donner en entier.

MÉMOIRE

Sur la soie de Nankin.

« Sous un règne où tous les actes qui émanent du trône, portent le caractère de la bienfaisance, sous une administration sage et éclairée, plus douce qu'aucune de celles dont les fastes de la monarchie retracent le souvenir. Dans un temps de guerre, où le triomphe de l'administration et le plus bel ornement de la couronne, reluisent par une renonciation formelle à de nouveaux impôts, dans ce temps toujours malheureux pour le commerce et l'industrie, où tant de débouchés sont supprimés, où tant de ressources sont taries, et où les affaires sont, en partie, sous le poids d'un engourdissement dangereux, n'est-il pas bien surprenant que des négocians et des fabricans, chefs d'un grand commerce et d'une industrie précieuse, aient à réclamer contre les dispo-sitions d'un arrêt qui, s'il n'était pas retiré et an-nullé, accablerait pour jamais ce commerce et ce genre d'industrie ? Il s'agit de l'arrêt du 11 janvier 1781, par lequel sa Majesté a imposé un droit de 5 pour o|o sur l'entrée de la soie de Nankin, en en sus du droit de 14 sous par livre attribué à la ville de Lyon, et indépendamment de 8 sous par livre d'augmentation sur chacun d'eux ; ces trois droits réunis en forment *un de trois livres un sou et trois cinquièmes* sur chaque livre de soie. »

« La soie de Nankin est une matière première, indispensable pour la fabrication des gazes et des dentelles de soie blanche ; cette fabrication entre-tient plus de *deux cent mille familles* d'ouvriers et d'ouvrières dans le royaume. »

« Cet article était l'un de ceux, dont la compa-gnie des Indes avait le *privilége exclusif*, et elle l'a conservé *depuis 1722 jusqu'en 1770 qu'elle fut éteinte*....... »

« La navigation des Indes et de la Chine étant rendue libre à tous les Français, des armateurs s'en occupèrent. La manufacture des gazes prenant alors de nouveaux et de grands accroissemens, elle ne trouvait point une provision suffisante dans la soie de Nankin, apportée au port de l'Orient. »

« Les marchands de soie y pourvurent, en en important de nouveau, à la douane de Lyon, de celle des compagnies étrangères. »

« Ils le firent toutes les fois que les prix parurent le permettre.

« Ce sont toujours de grands besoins qui régissent de bons prix. »

« MM. les Contrôleurs généraux et le Directeur général des finances en avaient connaissance; ils tolérèrent ouvertement cette importation; l'intérêt de l'industrie fut et doit toujours être une loi suprême..... »

« La tolérance la plus ouverte et la mieux caractérisée, a soutenu ce commerce, et ce ne sont point des contrebandiers qui l'ont continué; mais bien les premières maisons des marchands ou négocians de Paris ou de Lyon. »

« Contradictoirement à l'énoncé de l'arrêt, les manufactures du royaume n'ont point été alimentées uniquement par la soie de Nankin, importée directement de l'Orient par les armateurs. »

« Elles l'ont été suffisamment, en y ajoutant le supplément importé des compagnies étrangères. Depuis 1772, ce *supplément a été annuellement* de 30 à 40,000 livres pesant de cette soie. »

« Depuis l'année 1772 jusqu'à la dernière, 1780, les manufactures du royaume ont consommé annuellement, de 100 à 120,000 livres pesant de soies de Nankin..... »

« La fabrique des gazes s'est répandue partout, à

l'aide d'ouvriers de Paris et de Londres. Il y a peu de métier plus aisé à apprendre ; on fait partout de la toile , et un tisserand n'a besoin que de quelques mois pour devenir bon ouvrier gazier. »

« L'amour-propre chez un particulier est souvent sottise. Dans une nation, il peut être plus dangereux. Ne méprisons pas les nations étrangères , tributaires de notre industrie. Elles lui portent envie. Elles s'efforcent de se l'approprier. Sera-ce les armes à la main que nous les combattrons , que nous ferons échouer leurs projets ? Nous serions réduits à remuer le sein de la terre que nous décorons. Profitons de l'avantage réel de posséder des établissemens formés et en pleine vigueur. Remettons-nous dans l'état de pouvoir vendre le bon et le beau à bon marché. »

« Le premier pas à faire pour obtenir ce bon marché , est de se pourvoir de la matière première au plus bas prix. La surchargera-t-on de droits? Le ridicule serait attaché à cette conduite ; ce serait aggraver la situation équivoque de nos manufactures ; ce serait les anéantir....... »

« *Le droit* , est-il dit dans l'arrêt, *n'a pas été imposé pour vexer le fabricant ; mais pour punir le marchand contrebandier.*

« On a peine à se persuader que cette objection ait été faite ; cependant elle l'a été. Tout ce qui renchérit une matière première , ne nuit-il pas essentiellement à l'ouvrier qui l'emploie ?...... »

« La punition que le promoteur du droit voudrait infliger au contrebandier est si peu raisonnée ,

que ce droit, loin de lui nuire, le sert admirable-
ment. »

« *Un droit excessif n'arrête pas la contrebande,
il la provoque, il la nécessite.* Qu'on ne se flatte
pas de l'extirper. On n'a pu y parvenir, même dans
des pays où des lois de sang la réprouvent. Il n'y a
qu'un moyen d'y réussir, *c'est celui de calculer
le droit en rapport exact de ce que la fraude
coûte.*»

Après les signatures des gardes en charge du
corps des marchands fabricans de Paris, suivent
celles des négocians requérans de Lyon et de Paris,
savoir : *Balthazar Inselin*, *L. Leclerc* et Cie,
Cresp le Roi et Cie, *Pierre Peletier* fils, *Ch. Aud.
Bossu*, *André* et *Begue*, *E. Solcofre* et *Brenner*,
Germain et Cie, *Pourrac* frères, *Payen* frères,
Renouard le jeune, *Bélangé* et *Dumas Descombes*,
Dubuisson Blancheton, *Lavabre Dœrner* et Cie,
J. F. Thiery, *Santore* et *Boscary.* »

Si les soies de Chine jouaient alors un rôle
aussi important, il est à supposer que celles du
Bengale, qui revenaient à bien meilleur marché,
étaient aussi d'un emploi très-considérable.

Il est d'ailleurs certain, que, pendant plusieurs
siècles, l'on a considéré ces soies comme bien supé-
rieures à celles de France et même d'Italie, et ce qui
le prouve, c'est que de 1712 à 1714, le commerce
de Lyon soutint un procès contre la Compagnie des
Indes, qui prétendait imposer l'emploi de ces
soies dans certaines fabrications, à l'exclusion de celles

d'Italie et de France. L'expertise décida que les soies
de France et, à leur défaut, celles d'Italie, pouvaient
suppléer celles des Indes, ne regardant comme indispensables que les blanches pour les gazes, encore
déclarerait-on qu'on pouvait les imiter, en passant
les indigènes dans du lait.

A la suite du procès et de l'expertise, un arrêt du
conseil du roi permit aux fabricans de Lyon d'employer pour toutes les fabrications, des soies d'Italie
et même de France. Il ne faut pas oublier que nos
progrès dans la culture des mûriers, l'éducation des
vers et la filature de la soie, sont de date récente.

Néanmoins il est fâcheux que nos longues guerres
nous aient fait perdre de vue les soies des Indes. Si
je m'étends et reviens avec autant d'insistance sur
leur importance, c'est que toutes les fois que je visite l'Angleterre, je suis frappé du parti que les fabricans en tirent; à la vérité, ils ont pour les ouvrer,
des moulins d'une perfection dont nous n'avons pu
encore approcher ; cependant la seule difficulté est
dans la question des grands capitaux, autrement rien
ne nous empêche d'en monter de pareils. Un moulin
sur le système anglais, monté par actions, dussent
les actions ne rendre qu'un intérêt minime, serait
une source féconde de travail, de progrès et de pro-
fits pour Lyon et le pays en général.

Avant la révolution, on estimait qu'en temps de
paix, les produits des fabriques de soieries de Lyon
et du Forez s'élevaient annuellement à plus de 50.

millions de livres tournois ; un quart s'écoulait à Paris et en province, et le reste s'exportait en Russie, en Allemagne, en Hollande, en Angleterre, en Espagne, en Italie et même aux Indes.

Avant que les Français, réfugiés en Angleterre après la révocation, eussent obtenu la prohibition de la plupart de nos soieries, ce débouché était le plus important de tous, et quelques auteurs l'ont évalué de 9 à 12 millions.

En consultant les vieux documens, l'on est étonné d'y trouver les traces des plaies qui rongent encore aujourd'hui notre industrie, et auxquelles, par la plus inconcevable mollesse, personne ne songe à porter d'efficaces remèdes.

Voici comment, en 1772, *les syndics, Maîtres-Gardes, Inspecteurs-Royaux et Controleurs-Jurés de la grande fabrique des étoffes d'or, d'argent et de soie, de la ville de Lyon,* terminent un *mémoire* au sujet d'un fait de *piquage d'once.*

« Le piquage d'once coûte, chaque année, *un million* au commerce. Ce n'est rien encore ; mais il décrédite absolument nos manufactures chez l'étranger, par la défectuosité dans la fabrication et la couleur des étoffes faites avec des soies reteintes et inégales. Cependant les piqueurs-d'once ont les yeux ouverts, bien assurés qu'ils n'auront plus rien à craindre, si l'on légitime une défense qu'ils emploieront tous au besoin. »

« Cette affaire est donc vraiment importante, il

s'agit de la sureté du commerce ; il faut interroger toute la place et voir son inquiétude, etc. etc. »

Lors de l'enquête de M. de St-Cricq, c'était un moment de détresse à Lyon, nos fabricans s'assemblèrent, nommèrent une commission qui fit un mémoire fort sage sur les moyens de relever l'industrie minée par la concurrence étrangère, et ils signalèrent entre autres moyens, la suppression des droits sur les soies étrangères, et l'obligation, pour les filatures de soie, de ne livrer que des flottes à tours comptés, ainsi que cela se pratique pour le coton et la laine. Le gouvernement a fait droit à la première réclamation ; quant à la seconde, ni de son côté ni de celui des fabricans, il n'en a plus été question.

Quoique l'institution des Chambres de Commerce ne date que de 1702, j'ai trouvé dans les Archives de la Chambre de Lyon, des documens bien antérieurs, relatifs à la teinture, au tissage, aux douanes, au commerce, etc. etc. Mais pour présenter ces faits avec utilité, il faudrait les lier et les commenter, ce qui demanderait de nouvelles recherches et bien plus de temps que je n'en puis donner à ce travail, qui déjà dépasse les limites que je m'étais d'abord posées.

Je ne terminerai cependant pas ce chapitre, sans parler des moyens employés pour favoriser l'importation et le développement de l'industrie de la soie à Lyon ; ce sera une réponse à ceux qui disent que la prohibition est indispensable aux industries naissantes ou à *naître*.

Il paraît, qu'au commencement du 16ᵉ siècle, les

rois , princes, seigneurs ou villes , ne considéraient les douanes , que comme des sources de revenus , et ce ne fut que beaucoup plus tard , lorsque l'industrie en général eut acquis certains développemens , et que les industriels eurent pris un peu plus d'influence , que la théorie de la protection par les prohibitions se répandit.

Ce qu'il y a de bien certain , c'est que pendant tout le 16ᵉ siècle , qui fut le berceau de notre industrie , et qui vit battre dans nos murs jusqu'à 10,000 métiers, on n'en trouve qu'une trace momentanée , de 1599 à 1600.

La protection qui fit germer notre industrie, ne pouvait être la prohibition des soieries étrangères, car elles étaient l'un des principaux alimens du grand commerce qui se faisait aux foires de Lyon. Mais elle consistait en franchises et priviléges accordés aux marchands-fabricans , et ouvriers étrangers qui voulaient s'établir dans la ville. On doit même attribuer ses développemens à la liberté de commerce, presqu'exceptionnelle, dont Lyon jouissait par ses foires. Cette liberté a, au moins autant que sa position , contribué à faire de Lyon un grand centre commercial et industriel.

On trouve , sur ce sujet, aux Archives de la ville, dans l'extrait des actes consulaires , et de la correspondance officielle des faits très-intéressans , et quoique l'honorable M. Morin , le continuateur de l'histoire de Lyon , en ait déjà publié quelques-uns, je vais résumer ici les plus saillans. Ainsi que je l'ai déjà dit, la ville de Lyon fut commerçante avant d'être industrielle, et il est facile de s'en convaincre, en étudiant les vieux documens, dont beaucoup ont été réunis par Guillaume Barbier, en un livre intitulé : *Priviléges des foires de Lyon, octroyés par les roys très-chrétiens, aux marchands français et étrangers y négocians sous lesdits priviléges, ou résidens en ladite ville. Lyon*, 1649.

Les deux premières foires franches de Lyon, furent octroyées par lettres patentes de Charles VII, encore régent, le 9 février 1419; voici quelques phrases de ces lettres patentes.

« Et si est icelle ville et cité (Lyon) de très-grand circuit ou grandeur, comme la ville de Paris ou environ, et en plusieurs parties inhabitées de gens, faiblement emparée et fortifiée, spécialement desdits cotés de l'empire, et avec ce, est icelle ville et cité très-petitement peuplée, par mortalitez, pestilences, chertés de vivres, guerres, passages de gens d'armes, et autres charges, dommages et inconvéniens, parquoy non-seulement très-expédient, mais profitable et nécessaire chose estoit et est, icelle ville et cité accroistre et augmenter de peuple, de gens de tous estats et de biens, comme doit désirer chacun prince en ces bonnes villes et citéz. Laquelle chose ne se pourrait plus promptement, ne si de léger estre faite, mesmement considéré le temps de présent, si non que l'on y feist et ordonast deux foires et marchez publiques, l'année......... et lesquelles foires et marchez publiques susdits, fussent et soient franches de toutes aydes, imposts, tailles, maletostes, et autres subsides quelconques, extraordinaires à toujours mais perpétuellement. Et ainsi que lepeuple, et tous les marchands esdites foires repairans et en icelles fréquentans, ne soient d'oresen-avant grevez, dommagez, ou molestez inderiëment, ains puissent sauvement, et seurement, aller et venir en icelles foires, et semblablement retourner, sous nostre conduitte, protection, et sauvegarde. » etc., etc.

Ainsi donc, au 15ᵉ siècle, on reconnaissait que le meilleur moyen de repeupler et de relever une ville ruinée, était de lui accorder la liberté du commerce. Il s'en faut qu'on soit toujours aussi sage au 19ᵉ siècle, et il n'y a pas long-temps qu'on nous l'a prouvé. Ainsi, après la conquête d'Alger, la première requête des conquérans à la métropole, fut une demande de *douaniers !*

En mai 1487, Charles VIII *octroya* deux nouvelles foires à la ville de Lyon qui, dès lors eut quatre foires. Les rois Louis XII, François Iᵉʳ, Henri II, François II, Charles IX, Henri III, Henri IV, Louis XIII, Louis XIV, confirmèrent, maintinrent et augmentèrent les priviléges et franchises des foires de Lyon.

J'ai dit que la prohibition n'avait été pour rien dans l'établissement de notre industrie, et cependant, bien des démarches furent faites par les fabricans, à différentes époques, pour l'obtenir; mais le corps consulaire de Lyon , eut presque toujours la sagesse de s'y opposer.

Dans le cahier des députés de Lyon, aux états généraux de 1560 on trouve : « semblablement jaçoit que les prédécesseurs rois de France , pour attirer l'or et l'argent des nations étrangères , ont eu une singulière recommandation de maintenir le commerce et négociation en toute franchise et liberté de subsides, et pour cet effet, ont octroyé plusieurs priviléges aux foires établies à Lyon , et aux marchands fréquentant icelles ; néanmoins , pendant les guerres, ont été imposés plusieurs subsides , par lesquels les foires sont presque anéanties, et les marchandises étrangères , diverties des foires de Lyon , qui avaient accoutumé de laisser audit Lyon infinité d'or et d'argent, *pour l'achat des marchandises manufacturées en France.* »

« Pourquoi requièrent lesdits habitans , que tous les subsides généralement imposés sur lesdites marchandises , soient tollus, et que les anciens priviléges soient désormais observés et maintenus. »

Le 3 août 1569, dans une assemblées générale convoquée pour aviser aux moyens de fournir les deniers demandés par le roi, quelques-uns émirent l'avis de solliciter de S. M. , l'octroi d'un subside sur toutes les marchandises, excepté les comestibles , *et d'un subside plus grand sur les marchandises étrangères.* Mais les conseillers avisèrent de n'établir, s'il était possible, aucun nouveau subside , *à cause des pernicieuses conséquences qui pourraient suivre*, et de faire un emprunt pour lequel ils s'obligeraient en leurs propres et privés noms.

En 1582, les fabricans de Lyon sollicitèrent auprès de la cour, un édit de prohibition, offrant en compensation de faire payer par un subside, sur les manufactures françaises, ce que la douane percevait sur les produits étrangers. Mais le consulat lyonnais députa les sieurs de Rubys et de Masso, avec charge de s'opposer vivement à cette poursuite. Ils devaient représenter « que ce serait au contraire le vrai moyen de chasser entièrement les manufactures ; en effet, les marchandises de France deviendraient si chères, que personne n'en viendrait acheter. Beaucoup de marchands étrangers font fabriquer à Lyon, pour assortir avec les draps d'Italie, et vendre le tout ensemble, *quoique les manufactures de Lyon ne soient égales en prix ni en bonté*. Il faut demander au contraire, comme véritable moyen de faire prospérer la manufacture, de l'affranchir entièrement, ainsi que les soies crues et grèges, et de rejeter ce quelles paient sur les manufactures étrangères. »

L'an 1596, sous Henri IV, dans l'assemblée des notables tenue à Rouen, il fut arrêté que l'on demanderait au roi l'interdiction de l'entrée et de l'*usage* de toutes les marchandises qui se fabriquaient à l'étranger.

Le conseil du roi admit en principe cette défense; mais il renvoya la promulgation au moment où, par des réglemens particuliers, on aurait pourvu aux diverses espèces d'industrie manufacturière.

En 1598, le corps de ville et les fabricans en soie de la ville de Tours, écrivirent au consulat de Lyon pour l'engager à envoyer des députés à Paris, qui appuieraient les députés Tourangeaux dans la poursuite de l'édit de prohibition : mais au lieu de cela, dans une assemblée générale convoquée pour cette affaire, on décida qu'on s'opposerait, le plus vivement possible, à la demande des Tourangeaux, et que l'on enverrait à Paris le secrétaire de l'hôtel-de-ville, Thomé, pour combattre les sollicitations de leurs députés. Dans la lettre dont on le chargea, pour les seigneurs du conseil, on représentait que la prohibition serait la ruine complète du commerce, dont les rois précédens avaient favorisé l'établisse-ment dans cette ville, pour le bien de tout le royaume.

Dans la correspondance du sieur Thomé avec le consulat, on trouve beaucoup de lettres relatives à cette affaire, à laquelle la ville de Lyon attachait la plus haute importance.

Dans une lettre au roi, à ce sujet, on lit : « Sire, nous sommes contraints en l'affaire la plus impor-tante qui se soit présentée pour la conservation de cette votre ville de Lyon, de recourir à votre clé-mence. Les envieux de la grandeur de cette ville, ont voulu persuader à V. M. que la défense des manufactures étrangères était un grand moyen de bénéficier les meilleures villes de ce royaume, *et empêcher le transport de l'or et de l'argent hors d'icelui;* et néanmoins nous avons fait voir par les mémoires présentées à votre Majesté, en son conseil, que de ladite défense ne pouvait procéder aucun avantage à vos sujets, et que le commerce avec les étrangers était le plus vrai moyen d'enrichir vos sujets, et pour notre particulier de cette ville, le seul maintien de cette frontière, ce qui a été reconnu si véritable par les rois vos prédécesseurs, devant lesquels cette proposition a été faite et disputée, qu'ils ont été conseillés *de laisser la liberté au commerce.* »

Malgré toutes les démarches des députés de Lyon, les Tourangeaux l'emportèrent, et l'édit de prohibition fut promulgué; mais il n'eut qu'une existence éphémère, car en 1600 les marchandises étrangères entraient de nouveau dans le royaume.

L'an 1624, le 26 mars, un arrêt du conseil d'état déclare que les marchandises étrangères qui sont apportées en la ville de Lyon, et y paient les droits de douane, sont exemptes de payer aux frontières du royaume celui de l'entrée.

L'an 1647, un autre arrêt du conseil d'état confirme tous les priviléges et franchises des foires de Lyon, relatifs à l'entrée de toutes les marchandises.

On le voit donc, plus d'un siècle s'est écoulé et le plus important, celui de l'enfance, sans prohibition; et si plus tard il en a été établi, c'est plutôt comme conséquence de force majeure, des guerres, par exemple, que d'un système. La seule époque

de franche prohibition systématique, c'est l'empire ;
et c'est aussi, pendant cette fameuse époque, que
les fabriques étrangères ont fait le plus de progrès
et que les nôtres ont tant souffert.

Alors nos frontières s'étendaient de Hambourg à
Rome, l'empire avait plus de cent départemens et
cinquante millons d'habitans, et cependant, pendant sa durée, le nombre de nos métiers ne s'é-
leva jamais plus haut que douze mille.

LYON.

Son présent.

On parle beaucoup en France et dans le monde
en général de l'industrie lyonnaise, du nombre de
ses métiers, de ses ouvriers, de la valeur de ses
exportations, mais dans tout ce que j'ai lu ou en-
tendu, je n'ai rien trouvé qui ressemblât à un calcul
réfléchi. Et cependant la chose en vaut bien la
peine, car, dans tous les cas, il s'agit de l'une des
industries les plus importantes de France, et surtout
de la plus naturelle, de la plus nationale peut-être,
après celle de la *vigne*.

J'appelle notre industrie naturelle, parce qu'elle
s'est soutenue et développée sans moyens artificiels,
sans prohibitions ; je l'appelle nationale, parce
qu'elle enrichit le pays sans lui imposer aucun sacrifice.

Dans un moment, où presque toutes les industries, élevées à l'ombre du monopole, en sollicitent l'onéreux maintien, la nôtre ne demande pour résister à la redoutable concurrence de la Suisse, de l'Allemagne et de l'Angleterre, que la liberté.

Toutes les soieries entrent en France avec un droit, au poids, qui s'élève à environ 15 pour o[o, et s'il convenait à la France de transformer son système, jusqu'ici *prohibitif* ou *protecteur*, en système purement fiscal, nos fabricans ne s'y opposeraient certainement pas. Nous avons déjà vu notre Chambre de commerce, qui compte parmi ses membres plusieurs fabricans de tissus foulards, demander que ces tissus pussent entrer avec un droit de balance. Nous la verrions certainement encore, *s'il s'agissait d'une mesure générale*, renoncer, au nom de *l'industrie qu'elle représente*, *à tout* ce qui peut ressembler à un privilége.

Malheureusement, la France n'en est pas encore là, et quel que soit le désir de M. Duchâtel, d'accomplir la réforme commerciale, il est bien à craindre que, pour le moment, ses généreux efforts ne puissent surmonter les obstacles sans nombre que nous révèle l'enquête.

Les calculs que je vais donner, prouveront au pays, que l'industrie de la soie, par son importance, mérite d'être prise en grande considération. Je ne crois pas ces calculs infaillibles ; mais j'ai bien certainement fait tout ce qu'il était possible, pour arriver à la vérité.

Après les avoir établis sur les données des douanes, je les ai soumis à des hommes expérimentés
parmi nos fabricans et nos négocians en soie, et
leurs observations ont déterminé plusieurs modi-
fications importantes.

J'ai dit, dans le chapitre précédent, qu'après dix
années de paix, le nombre des métiers en soie de
Lyon, s'était élevé de 11 à 12,000 à 27,000,
et qu'un mouvement de réaction en calme, avait
succédé à ce mouvement de grande activité.

Mais ce calme, cette détresse, dont souffrirent
nos ouvriers et nos fabricans, n'ont pas été perdus
pour l'industrie en général. La concurrence étrangère, l'une des causes de ce calme, en révélant sa
puissance, fit comprendre à nos industriels que, de
même qu'on peut teindre la soie sans les eaux de
la Saône, de même on peut la tisser ailleurs que
dans Lyon et ses faubourgs. C'est de cette époque
seulement (1825 et 1826), que date l'émigration,
ou plutôt l'établissement des métiers à la campagne;
et, par campagne, je n'entends pas seulement les
villages qui forment, pour ainsi dire, la banlieue de
Lyon, comme Oullins, Ste-Foy, Caluire, St-Ram-
bert, etc., etc., etc.

L'état fébrile de notre population depuis 1830, et
surtout la crise tragique de novembre 1831, décidè-
rent et développèrent sérieusement cette tendance de
l'industrie.

9

Il est résulté de ce changement, la production considérable d'articles très-légers, qui manquaient aux assortimens de Lyon.

Nous avons vu que le chiffre le plus élevé, atteint par nos métiers, a été 27,000.

Voici le recensement exact des métiers du département, opéré par les soins de M. de Gasparin, en 1833.

SITUATION DES MÉTIERS

Au 1er novembre 1833.

	CANTONS.	NOMBRE DE MÉTIERS.
DÉPARTEMENT du RHÔNE.		
ARRONDISSEMENT de LYON.	L'Arbresle,	1,022.
	Condrieux,	50.
	St-Genis-Laval,	958.
	Givors,	104.
	St-Laurent de Chamousset,	214.
	Limones,	320.
	Mornand,	82.
	Neuville,	784.
	St-Symphorien-sur-Coise,	81.
	Vaugneray,	390.
	LYON. Nord. Midi. Ouest.	16,857.
	La Croix-Rousse,	6259.
	La Guillotière,	2300.
	Vaise,	404.
ARRONDISSEMENT de VILLEFRANCHE.	Anse,	11.
	Beaujeu,	»
	Belleville,	»
	Bois d'Oingt,	99.
	Monsol,	»
	St-Nizier d'Azergue,	»
	Tarare,	1170.
	Thizy,	26.
	Villefranche,	2.
	TOTAL.	31083.

Il est probable , qu'en faisant la même opération dans les départemens de la *Loire* , de *Saône-et-Loire*, de *la Drome* , de *l'Isère* , de *l'Ain* , etc., etc., on trouverait plus de neuf mille métiers ; ainsi , je ne crois pas exagérer, en portant à 40,000 , le nombre total des métiers en soie , qui , en 1833, travaillaient pour les fabricans de Lyon.

Il est vrai , que les agitations qui ont précédé les événemens d'avril , et ces événemens eux-mêmes, ont causé une diminution bien sensible dans le nombre des métiers de la ville et des faubourgs ; mais elle est plus que compensée par le nouveau mouvement vers la campagne , que ces tristes circonstances ont déterminé.

A côté des métiers dispersés , il s'est établi , et se prépare encore sur plusieurs points , des ateliers mécaniques qui , s'il réussissent , détermineront la transformation organique de notre industrie , transformation à laquelle l'établissement des métiers à la campagne sert de transition ou de préparation.

Le seul obstacle réel que je voie au succès du système d'ateliers , consiste dans la grande valeur de la matière première , qui nécessite d'immenses capitaux ; mais il est probable que , d'ici à un certain nombre d'années, la soie, dont la culture se pousse partout avec une grande énergie, subira graduellement une forte réduction de prix. — Dans mon opinion, notre industrie doit suivre , tot ou tard , la marche de l'industrie cotonnière, et c'est pourquoi j'ai particulièrement appelé l'attention de mes concitoyens sur Manchester et le Lancashire en général.

Que si on venait à me demander ce que je pense des résultats probables de cette transformation, relativement à l'amélioration du sort de l'ouvrier, je répondrais que, pour juger les conséquences d'un fait, il faut le laisser s'accomplir, et je suis loin de considérer le fait des ateliers de Manchester comme *accompli*. La question devient d'ailleurs plutôt sociale qu'industrielle et, quoiqu'il soit impossible de séparer complètement l'une de l'autre, mon intention n'est pas de l'examiner ici.

Avant la révolution, on évaluait à 2,000 balles de 160 livres, ou à 320,000 livres, la quantité de soie nécessaire à l'alimentation de 6,000 métiers, et à 2,600,000 livres poids de marc, les soies consommées par toutes les manufactures de France.

320,000 Livres pour 6,000 métiers, donnent par métier 53 1|3 livres, et 2,600,000 liv. à 53 l. 1|3 par métier, supposent, pour toute la France, un total de 48,750 métiers.

Au 17ᵉ siècle, on évaluait à cinquante millions de livres tournois, la production des soieries de Lyon et du Forez; aujourd'hui en calculant

sur 200 métiers d'étoffes unies légéres.

     100   id. . id. . id. qualité moyenne.

     100   » . » . » qualité forte.

     100   » . » . façonnées.

     100   . de mouchoirs divers.

Et prenant l'avérage de ces 600 métiers on trouve que 100 métiers emploient 3,000 kilog. de soie, et produisent 250,000 francs de travail, ce qui porte la consommation d'un métier à 30 kilog., et sa production à 2,500 francs.

Si ce calcul est juste, ce dont je ne puis douter, l'ayant établi et contrôlé avec le concours d'hommes spéciaux, il résulte que les 40,000 métiers que *Lyon* occupe, doivent consommer annuellement 1,200,000 kilog. de soie, et produire fr. 100,000,000 de travail.

Dans l'alimentation des manufactures françaises de soieries, on compte que, généralement, les soies étrangères entrent environ pour un tiers, et les soies indigènes pour deux tiers.

Or, l'importation des soies étrangères, en y comprenant les bourres de soies,

a été de 1,017,867 kil. dans l'année 1829.

710,866	»	»	1830.
524,780	»	»	1831.
867,494	»	»	1832.
1,110,007	»	»	1833.

Ou de 4,231,014 kil. pour les cinq dernières années, ce qui donne une moyenne de 846,202 kil. de soies étrangères, et, en ajoutant les soies de France à raison des deux tiers, une moyenne générale de toutes les soies consommées annuellement de 2,538,606 kil.

En divisant 2,538,606 kil. par le chiffre 30, qui représente la consommation annuelle d'un métier, on trouve qu'il existe en France 84,620 métiers en soie, qui doivent produire fr. 211,550,000 de travail.

On peut facilement faire la preuve du calcul de la production générale.

En multipliant 2,538,606 k. par 55 fr. qui est, en temps ordinaire, la valeur moyenne des soies employées, on aura . fr. 139,623,330.

et pour les mains-d'œuvres 71,926,670. } 211,550,000.

Si l'on considère que la plupart des métiers de Paris et de la Picardie font des articles mélangés soie et laine ou coton, on conclura que le nombre général des métiers qui tissent de la soie, s'élève à plus de cent mille, et le produit de leur travail, à près de 250,000,000. Nous avons vu que la moyenne de la consommation annuelle des soies en Angleterre, s'est élevée, dans les dernières années, à 3,574,240 l. anglaises, ou 1,624,650 kil. qui, en comptant ainsi que je l'ai fait pour la France, 30 kil. par métier, porteraient à 54,155, seulement, le nombre total des métiers en soie. — Mais il faut observer que le bas prix et l'abondance des laines et des cotons, ainsi que la perfection des filatures, ont dû contribuer à élever plus qu'en France la proportion des métiers qui tissent des mélanges; et je ne crois pas me tromper beaucoup, en évaluant à 70,000 la généralité des métiers, dont 36 à 40,000 employés au tissage des articles pure soie, et 34 à 30,000 employés au tissage des articles mi-soie.

Ici vient naturellement se placer le recensement des individus qu'occupe l'industrie de la soierie;

mais la dispersion des métiers et de toutes les manu-
tentions, rend l'opération fort difficile. Cependant,
d'après les renseignemens recueillis, il paraît qu'on
doit compter, en général, deux individus par métier;
ce qui porterait à 80,000 le nombre d'ouvriers et
ouvrières qui travaillent pour les fabriques de soierie
de Lyon; dans ce calcul, sont compris, non seulement, les tisseurs, mais encore les dévideuses, our-
disseuses, tordeuses, cannetières; les liseurs, plieurs,
teinturiers, imprimeurs, graveurs, etc., etc.

Quant au nombre d'individus que cette industrie
fait vivre, on peut, sans exagérer, le porter au
double.

Ainsi la principale industrie de Lyon, qui donne
la vie à beaucoup d'autres dont je n'établis pas le
recensement, comme les produits chimiques, les
forges, les mécaniques, etc., etc., nourrit au moins
160,000 individus.

Mais, pour connaître toute son importance, il
faudrait encore faire le recensement des personnes
qu'emploient et font vivre la culture du mûrier, l'é-
ducation du ver, la filature et le moulinage de la
soie, etc., etc.

J'ai fait aussi des recherches pour établir le chiffre
du capital engagé dans notre industrie; mais leur
résultat n'est pas assez précis pour que je le publie.

Maintenant que j'ai établi aussi exactement *que
possible* le chiffre de la production des soieries en
France en général, et à Lyon en particulier, je vais
établir le chiffre de répartition entre la consommation
intérieure et l'exportation.

TABLEAU

Des exportations des Soieries, pendant les cinq dernières années, fait d'après les tableaux annuels que publie l'administration des douanes.

DÉSIGNATIONS.	1829.	1830.	1831.	1832.	1833.	
	Francs.	Francs.	Francs.	Francs.	Francs.	
Etoffes unies pure soie,	. . . .	. . . .	59,576,640	51,295,920	69,392,760	Articles de Lyon.
Etoffes façonnées, *Idem.*	. . . .	. . . .	17,825,860	17,697,160	21,425,430	
Etoffes soie brochées, avec et sans dorure.	68,970,990	74,427,298	658,332	837,918	708,382	
Crèpes.	. . . .	. . . .	3,885,000	2,223,936	2,668,424	
Tulle de soie pure. .	. . . .	. . . .	398,400	313,040	289,200	
	68,970,990	74,427,298	82,344,232	72,367,974	94,484,196	
Dentelles de soie pure.	. . . .	. . . .	606,522	630,581	772,511	Articles de diverses fabriques.
Gazes *Idem.*	. . . .	. . . .	1,016,960	801,696	1,179,472	
Bonnetterie *Idem.*	6,693,787	6,298,696	1,983,700	1,362,100	2,181,500	
Passementerie *Idem.*	. . . .	. . . .	3,414,400	2,179,700	2,945,000	
Passementerie de soie, avec dorure. . . .	. . . .	. . . .	967,323	1,105,909	934,656	
Rubans tout soie. . .	26,501,520	22,870,800	24,309,840	23,236,440	30,755,520	St-Étienne et St-Chamond.
Total.	102,166,297	103,596,794	114,642,977	101,684,400	133,252,855	
Etoffes soie mélangées, tissus, passementerie, etc., etc.	8,989,470	7,142,008	4,736,480	5,114,400	4,741,520	Articles mélangés où la soie domine.
Tissus de fleuret, bourre de soie, châles, mouchoirs, passementerie, rubaneries. . .	1,077,484	828,336	729,376	473,232	513,704	
Châles brochés laine et soie.	3,051,906	3,061,778	1,863,147	2,070,926	4,319,601	
Total.	13,118,960	11,032,117	7,329,003	7,658,558	9,574,825	

L'exportation des articles compris dans la première division de ce tableau qui, sauf d'insignifiantes exceptions, sont tous de fabrication lyonnaise, s'est élevée pendant les cinq dernières années,

à . . . . fr. 392,594,690,

ce qui établit l'avérage *officiel* des exportations annuelles de Lyon, à fr.   78,518,938.
Mais, à cette somme (1), il faut ajouter le montant des marchandises qui sortent de France sans être douanées, et ne peuvent donc figurer sur les états administratifs. Ces marchandises s'élèvent, pour nos articles, au moins à six millions; mais dans la crainte de me tromper

en plus, je ne les porte qu'à . . fr.   5,481,062.

La somme de nos exportations s'é-

lève donc à . . . . fr.   84,000,000.

Et comme, ainsi que je l'ai démontré, nous produisons environ (2), fr. 100,000,000,
il résulte que Lyon ne livre à la consommation intérieure, que la va-

leur d'environ . . . . . . fr.   16,000,000.

(1) Pour l'Angleterre seule, on évalue les soieries françaises introduites par contrebande, de 9 à 11 millions.

(2) Si le chiffre de 100 millions n'était pas rigoureusement exact, je suis convaincu que ce serait parce qu'il est trop bas et non trop élevé.

Il n'est donc pas étonnant que les agitations intérieures affectent moins la prospérité de notre industrie, que les crises politiques ou commerciales, qui
troublent ses principaux débouchés extérieurs.

Ainsi, lorsqu'on saura que Lyon vend aux États
Unis près de trois fois autant, et, à l'Angleterre,
beaucoup plus qu'elle ne vend à toute la France; on
comprendra facilement, pourquoi la question de la
banque américaine nous intéresse autant que les
questions les plus palpitantes de la politique intérieure, et pourquoi aussi le changement du ministère anglais nous émeut aussi vivement peut-être,
que les changemens extraordinaires qui boulever-
sent si souvent le ministère français.

Le total des soieries pures, exportées pendant
les 5 dernières années, s'élève à fr. 555,343,323,
et celui des soieries mélangées (1) à fr. 48,713,463.

Ce qui établit l'avérage officiel
des exportations de soieries françaises pures à la somme de . . fr. 111,068,664,
et celui des soieries mélangées à . fr. 9,742,692.

soit pour toutes les soieries à . . fr. 120,811,356,
à quoi il faut ajouter pour marchan-
dises qui ne sont pas présentées à
la douane, au moins. . . . . . fr. 11,188,644.

fr. 132,000,000.

(1) Dans les soieries mélangées, je n'ai pas compris
les articles en laine ou coton, qui figurent aux tableaux
de douane, sous la dénomination d'*étoffes mélangées*.

Ainsi, en admettant, comme je l'ai fait, la production des soieries françaises à fr. 211,550,000, l'on trouve que la consommation intérieure l'alimente seulement . . . . . p. fr. 79,550,000. et l'exportation . . . . . p. fr. 132,000.000.

On voit que la proportion de l'exportation est bien moins forte, relativement à la France en général, que relativement à Lyon en particulier; cela vient de ce que la plus grande partie des soieries d'Avignon, de Paris et de la Picardie, alimentent plutot la consommation intérieure, que l'exportation.

LYON.

SON AVENIR.

Après avoir dit sur le passé et le présent de
Lyon, ce qui m'a semblé le plus intéressant et le
plus pratique, je me sens malgré moi entraîné à
parler de son avenir.

Ainsi que je viens de le prouver, la grande industrie lyonnaise est en voie de progrès, et quoique ce soit à la condition de s'éloigner, en partie,
de la ville, il est certain que ce sera toujours vers
elle qu'aboutiront les opérations les plus essentielles, comme l'achat des matières, la teinture,
les apprêts, la vente des produits, les expéditions,
les paiemens, etc., etc. Cette condition d'émigration
n'est d'ailleurs rigoureuse, que pour les articles de
consommation courante et de fabrication facile.
Quant à ceux de haute consommation, comme l'uni
riche et le façonné, rien *encore* ne la nécessite ;
car, ainsi que l'exposition des soieries étrangères l'a
prouvé, leur concurrence les touche peu, et ne
force pas nos fabricans à diminuer les façons, au
point d'obliger l'ouvrier qui les tisse à s'éloigner
de la ville.

Il faut d'ailleurs pour monter, organiser et tisser
ces articles, dont les dispositions sont si variées et
si variables, des ouvriers intelligens et expérimentés, qu'on trouverait ou formerait difficilement dans

les campagnes. Il est aussi très-utile que ces ouvriers soient à la proximité des fabricans.

Je crois que les développemens de la production des articles courans dans les campagnes, aideront aux développemens de la production des articles riches ou façonnés dans la ville; car plus le marché de Lyon offrira de richesse, d'abondance, de variété dans ses assortimens, et plus les acheteurs ou leurs demandes s'y dirigeront.

Tout nouvel article que Lyon ajoute à ses assortimens, augmente généralement les chances de vente de tous les autres, et tout article que Lyon perd les diminue.

Et c'est surtout, parce que Lyon est le centre de production qui présente le plus de variété dans ses assortimens et dans ses moyens d'exécution que, malgré certains désavantages essentiels, elle a pu progresser comme ville manufacturière.

Il ne serait donc pas étonnant que, dans quelques années, malgré les développemens de la fabrication dans les campagnes, le nombre des métiers de la ville et des faubourgs atteignit encore le chiffre des momens les plus prospères. Nous verrons cela, sans doute, si la paix douteuse et factice qui règne depuis 1830, se consolide et devient enfin une paix réelle.

Mais l'industrie de la soie est bien loin d'être la seule cause de prospérité de notre ville; et il est évident que, dans un avenir très-prochain, cette prospérité s'assoiera sur des bases plus larges et plus solides.

Et d'abord, combien d'élémens de richesses dans sa situation, à laquelle nulle autre ville du monde, peut-être, ne saurait être comparée. La vallée du Rhône étant le passage naturel entre le nord et le midi de l'Europe, et la Méditerranée étant aussi la route la plus naturelle de l'occident à l'orient du monde, Lyon se trouve l'étape presqu'inévitable où viendront s'opérer les échanges entre le nord et le midi, l'orient et l'occident. Ainsi, rien de ce qui se passe sur le globe, ne saurait lui être indifférent. Que la production et le bien-être se développent dans les steppes de la Russie, ou sur les rivages de l'Égypte et de l'Inde, le coutre-coup s'en fera sentir chez nous, et il n'est plus de progrès auxquels nous ne soyons forcément associés.

« Lyon, a dit un écrivain (1), qui fait autorité en pareille matière, et dont la poétique imagination sait embellir par le style, les graves enseignemens de l'économie sociale, « Lyon est un travailleur infatigable, assis sur le Rhône et la Saône, les regards tournés vers Paris, le dos appuyé aux montagnes de la Croix-Rousse; comme un *canut* à son métier. »

« Son bras gauche, à travers la forêt des cheminées à vapeur de Saint-Étienne et de Rive-de-Gier, et les sapinières de la montagneuse Auvergne, saisit

(1) Michel Chevalier.

la Loire , et lui verse ses produits par les chemins de fer. »

« Son bras droit s'avance au milieu des usines fumeuses de Chessy, du Creusot, de Blanzy, d'Epinac et de Gray, et atteint le Rhin et la Seine ; de son index étendu il indique Mulhouse à ceux qui aiment les bons travailleurs. »

« Du bout de ses doigts , d'un côté, il fait aller et venir les voitures à vapeur, aussi rapides qu'un boulet de canon ; de l'autre il fait jouer les trois cents écluses du canal du centre , du canal de Bourgogne et du Doubs canalisé. »

« Quelquefois , laissant un instant son travail, il croise ses bras, il se lève, et il donne à rafraîchir son grand front au vent qui, de la cîme des Alpes, descend vers la crète neigeuse du Mont-d'Or. »

« Et alors promenant, autour de l'horison, ses yeux pensifs, debout entre le Rhin et le Rhône, qui s'en vont l'un au nord , l'autre au midi, entre le Danube et la Loire, qui s'épanchent l'un au levant, l'autre au couchant ; attentif au bruit confus des mariniers qui , d'un bout de l'Europe à l'autre, les sillonnent pour venir à lui ; il semble de bien loin un compagnon cherchant sa route à la croix des quatre chemins. »

« Puis il se remet à l'œuvre patiemment, et ses regards sont alors vers Paris et vers Londres ; mais un jour il se retournera vers l'orient, que réveillent le sultan et le pacha d'Egypte, pour être plus voisins

de la voluptueuse Constantinople qui, mollement
se balance entre l'Europe et l'Asie, il jettera au
Danube par dessus le Rhin un chemin de fer, dont
il l'enlacera ainsi qu'il a fait à la Loire. »

« Des quatre points cardinaux, les produits lui
affluent par les bateaux, par les wagons, par les
charriots; et lui, les remanie, les transvase, les
mêle, les classe, les fond et les distribue. »

« Aux uns la soude et les huiles, les savons et
les vins du midi, le riz de l'Italie, le coton de
l'Egypte et les grains d'Odessa. »

« Aux autres les fers blancs de Besançon et des
Vosges; les vins et les fers forgés ou fondus de la
Bourgogne et de la Champagne.... »

« A d'autres les papiers d'Annonay.... »

« A ceux-ci les rubans et les charbons de St-
Étienne ; à ceux-là les charbons et les verreries
de Rive-de-Gier, les faïences d'Arboras; ici les
pierres de Villebois, les plombs de Villefort, le
cuivre de St-Bel ; là, les indiennes de Mulhouse et
de Weserling, les savoureux fromages de la Suisse
et les toiles du nord. »

« A tous il donne à pleines mains les fruits que
lui-même a retirés d'un travail opiniâtre; à tous les
chapeaux, le chapeau est l'emblème de la liberté; à
tous ses vives teintures; à tous ses soieries inimi-
tables qu'envient Spitalfields et Manchester, que se
disputent New-Yorck et la Vera-Cruz... »

« A tous l'éclat et la parure dont les rois réhaus-
sent leurs palais fastueux, et que les bourgeois

étaient dans leurs fêtes; à tous les riches tissus et les riches couleurs.... »

Qu'ajouterai-je à ce magnifique tableau, auquel la poésie du style n'ote rien de sa vérité? Cependant, les événemens ont marché, depuis que le savant écrivain résumait ainsi les causes de notre prospérité future. La conservation de nos possessions d'Afrique, a été décidée et proclamée à la face de l'Europe ; des chemins de fer ont été mis à l'étude, des bâtimens à vapeur construits par l'État, sillonnent la Méditerranée.

L'Égypte, comme il l'a pressenti, a fait un grand pas dans les voies de la civilisation. D'immenses travaux ont été entrepris, qui décupleront les produits de ce pays, dont la fécondité dépassait déjà tous les calculs de l'imagination. L'Angleterre prépare des bateaux à vapeur, pour établir des communications directes entre Suez et Bombay. Un chemin de fer est à l'étude, qui, jeté sur l'Isthme, qui sépare la mer Rouge de la Méditerranée, ouvrira au commerce de l'Inde une voie plus directe, plus rapide et plus sure que celle de l'Océan.

Bientôt se trouvera réalisé le plan qui a occupé les plus grands génies depuis Alexandre jusqu'à Napoléon, et Paris sera aussi près de Calcutta que de Saint-Pétesbourg. Que deviendront alors les maigres argumens, à l'aide desquels, nos économistes protecteurs, défendent les prohibitions, et les restrictions imposées au transit, quand il s'agira pour

10

la France de jouer son véritable rôle, celui de dis-
tribuer au nord les produits du soleil de l'Inde, et à
l'orient, les fruits de la patiente industrie des populations du nord. Alors, Lyon deviendra l'un des
entrepôts du commerce du monde.

CONCLUSION.

En commençant ce travail, mon intention était simplement de compléter la notice explicative de l'exposition faite par la Chambre de commerce; et j'avais espéré le publier avant sa clôture. Mais l'étude consciencieuse des faits si attachante et si difficile, surtout lorsqu'on ne peut, comme moi, y vouer que des heures rares et détachées, m'a mené beaucoup plus loin que je ne pensais.

Cette impossibilité de travailler d'une manière suivie et autrement que dans les momens de loisirs, heureusement fort rares, que me laissent mes affaires commerciales, et aussi le peu d'habitude de la rédaction, expliqueront et feront excuser peut-être ce qu'il y a de heurté et de décousu dans ce petit ouvrage.

Ayant pris pour *critérium* le principe de la liberté commerciale, je ne crois pas devoir quitter mes lecteurs sans m'expliquer et faire, pour ainsi dire, ma profession de foi sur l'importance que j'accorde à cette immense question.

Liberté commerciale! tel est aujourd'hui le cri de ralliement des économistes, et, l'on peut le dire, des hommes les plus avancés dans toutes les directions. Presque tous la considèrent et la proclament comme la panacée qui doit cicatriser les plaies les plus vives de notre vieux corps social.

Comme la liberté religieuse et la liberté politique, la liberté commerciale sera bien certainement, un peu plutôt, un peu plus tard, accordée aux vœux qui la réclament : car elle est dans les vues de la Providence, et les hommes d'état qui se roidiraient contre sa venue, s'égareraient et se perdraient indubitabl ement.

Ce qu'ils ont de mieux à faire, si l'expérience des pères n'est pas, comme on l'a dit, perdue pour les enfans, c'est de ménager la transition entre le système prohibitif et la liberté. L'histoire du passé prouve que les révolutions sont presque toujours stériles quand elles s'appuient sur la violence, et cette vérité ne souffre point d'exception si on l'applique aux réglemens des intérets commerciaux.

Il y a plusieurs siècles que l'Europe ne fait, au fond, que des guerres commerciales ; et pour tant de richesses dilapidées, pour tant de sang répandu, quelle compensation les vainqueurs ont-ils obtenue ? L'occupation du Canada a été suivie de l'indépendance américaine. Après les guerres de l'Empire, l'Angleterre a trouvé sur le continent une industrie trop vivace pour espérer de l'anéantir. Après de si éclatantes leçons, il est permis de croire que le règne du sabre est passé.

C'est à la diplomatie de régler désormais les destinées du monde ; c'est à elle de nous donner la liberté commerciale ! Elle le pourra, dès qu'elle voudra s'appuyer sur la morale et la vérité.

On se tromperait pourtant, si on croyait trouver

dans la liberté absolue du commerce, un remède immédiat à tous les maux qui affligent la société. C'est un grand moyen, sans doute, mais ce n'est pas la fin.

On conçoit comment des hommes généreux, émus à l'aspect des souffrances des classes pauvres, s'en prennent à la dernière forme qu'ait revêtu l'esprit guerrier du moyen âge, la lutte industrielle entre les peuples, et se persuadent que tout sera terminé, lorsqu'ils auront renversé les vieilles ruines derrière lesquelles il s'abrite encore ; mais, pour les hommes d'avenir, ils ne peuvent se dissimuler que ce ne sera qu'un pas important de plus, vers le but assigné à l'humanité.

La liberté commerciale, telle qu'on l'envisage aujourd'hui, n'est donc que le premier terme du problème qu'il s'agit de résoudre, et qui, dans son ensemble, embrasse les plus hautes questions sociales.

Dominés par les idées *libérales*, poussés encore, à notre insu, par un esprit étroit de nationalité, qui nous fait imputer à nos voisins, la cause des maux que nous nous créons à nous-mêmes, nous ne voyons pas que la constitution intérieure du travail, influe au moins autant sur notre prospérité industrielle, que la concurrence extérieure ; et que ces maux nous affectant au dedans bien plus encore qu'au dehors, la liberté commerciale ne suffira pas seule à les guérir.

Lorsque l'affranchissement des serfs dépouilla l'industrie du caractère *domestique* qu'elle avait eu jusqu'alors, la concurrence, que l'on confond trop généralement avec l'émulation nécessaire au progrès, commença à se produire. Les réglemens sous la forme de maîtrises, jurandes, corporations, la continrent long-temps ; et d'ailleurs, la lutte armée subsistant encore, les hommes remuans et ambitieux, trouvaient dans la guerre un aliment à leur activité. Mais depuis que nous sommes entrés dans les voies pacifiques, la concurrence qui s'exerçait entre quelques sommités sociales, est descendue jusque dans la boutique du plus petit débitant. Chacun dans cette nouvelle lutte a apporté la même ardeur qu'il déployait naguère sur les champs de bataille. Pour triompher des rivaux, des ennemis, on a eu recours aux machines, à la division du travail, à tout ce qui facilite la production. Aussi, aujourd'hui, généralement le succès appartient-il aux grands établissemens, comme jadis la victoire appartenait aux gros bataillons. De là, ce malaise sourd qui mine les petits commerçans et ruine les industriels à faibles moyens ; de là la misère des ouvriers ; de là ces luttes affreuses entre les diverses classes de travailleurs.

Et cependant, au point de vue de la liberté absolue, ces malheurs proviennent de causes justes, naturelles, irréprochables. On a déclamé contre *les hauts barons de l'industrie*, on a voulu faire à quelques hommes un crime de leurs richesses ; mais ces richesses ont été, en général, loyalement et péniblement acquises ;

elles sont presque toujours le prix de rudes travaux et d'incontestables talens.

Il faut bien le reconnaître, les maux qui nous affligent ne viennent pas des individus, mais du principe qui a façonné la société, et qui la régit encore.

La liberté commerciale est-elle donc destinée à mettre fin à de si graves désordres ? Il est impossible de l'espérer; mais ce qu'on peut affirmer, c'est qu'elle donnera partout une grande impulsion à plusieurs branches de l'industrie, à celles surtout qui ont de véritables racines dans le sol, et pour lesquelles ce qu'on a jusqu'ici appelé *protection*, n'a été que gêne et entraves. Chaque contrée possède de ces sources d'inépuisables richesses dont l'exploitation, substituée à des spéculations qui n'ont souvent de vie que par la prohibition, donnerait lieu à d'innombrables échanges. Combien surtout notre France, si favorisée par sa position topographique, par la fécondité de son sol, la douceur de son climat, l'infinie variété de ses richesses minérales, n'aurait-elle pas à gagner dans le grand mouvement imprimé au commerce par la liberté ! Quelle large carrière ouverte au génie et à l'activité de ses enfans.

Mais, dans ce changement, l'intérêt général exigera sans doute le sacrifice de quelques unes de ces entreprises qui n'existent que d'une vie précaire et artificielle, peut-être faut-il alors que la fortune publique vienne en aide aux intérêts privés. On ne saurait payer trop cher l'abolition *pacifique* de toutes les entraves. Car tel sera, n'en doutons pas, le premier effet de l'affranchissement, que la production s'organisera partout, selon les meilleures conditions de succès, par rapport aux localités, aux capitaux, à la consommation, aux dispositions naturelles des populations. Or, ce premier pas accompli, qui ne reconnaît la possibilité du classement général des travailleurs, selon leur aptitude, leur vocation.

Pourquoi ne pas le dire? pourquoi ne pas formuler nettement un fait, qui préoccupe aujourd'hui tant d'intelligences avancées? *L'association est le terme vers lequel l'humanité gravite.* Non, cette association rêvée par quelques niveleurs, qui ne tient compte ni des droits acquis, ni des talens, ni de la moralité, et qui n'aspire qu'à partager entre tous ce qui appartient à quelques uns; mais, cette association, largement libérale, qui consiste à réunir les efforts de tous, pour marcher au bien commun. Sans ce noble but, sans ce fil conducteur, nous tournerions éternellement dans un cercle vicieux; et la liberté commerciale, que le monde appelle instinctivement, ne serait qu'un leurre, propre seulement à opérer une courte diversion aux embarras qui nous assiégent.

FIN.

TABLE.

—

Introduction . . . . *Pages.* 1
Zurich. 11
Bâle. 18
La Saxe. 18
Tarif prussien. 21
Prusse rhénane. 28
Crefeld — Elberfeld. 33
Ancienne Prusse. 34
Autriche. 40
Russie. 43
La Hollande. 44
Italie. 46
Espagne. 48
Angleterre. 50
La Chine. 61
Matières premières. 63
Matières premières. — Suisse, Allemagne. . . 73
Matières premières. — Angleterre. 74
Lyon. — Son passé. 89
Lyon. — Son présent. 127
Lyon. — Son avenir. 140
Conclusion. 147

ERRATA.

———

Page 24, au lieu de disposition *typographique*, lisez : *topographique*.

Page 71. Si ses représentans eussent été aussi puissans que les *filatures*, lisez *filateurs*.

Page 78. Et en portant la moyenne des dix années qui ont précédé le changement à 400,000 livres, les soies ouvrées ne s'élèvent pas à 2,000,000 ; lisez : et en ajoutant 400,000 livres pour les soies ouvrées à 1,580,015 livres de soies brutes, on trouve que la moyenne de l'importation des dix années qui ont précédé le changement de système, ne s'élève pas à deux millions.

Page 86. — Vers 1760, les marchands de Manchester *commençaient*, lisez : *commencèrent*.

Le coton *ou* laine, lisez : le coton *en* laine.

Page 92. — Il ne faut donc pas désespérer de *la* voir un jour disparaître du monde civilisé, lisez : *les* voir.

www.ingramcontent.com/pod-product-compliance
Lightning Source LLC
Chambersburg PA
CBHW072107090426
42739CB00012B/2878